なぜ、私は誰とでも寝てしまうのか

~令和女性10人のセックス黙示録

福田光睦
Mitutika Fukuda

双葉社

はじめに～誰とでも寝る女性を巡る冒険への出発

人類にとって万有引力も、地球が球体であるということも、さらにはウニがやたらに美味しいということまでも、その証明の前までは、《ただのホラ話》に過ぎなかった。罵倒を恐れない、確信と勇気を持った発見者だけが、人間の歴史を塗り替えてきたのである。

さて、ここで筆者からも覚悟を持って記さねばならないことがある。

今、世の中に「誰とのセックスも断らない」という女性が存在するといったら、いったい、どれくらいの人間が信じるのだろうか。

少なくとも筆者は信じていなかった――その女性に会うまでは。

初めてその女性――チアキ嬢に出会ったのは、二〇一二年七月。彼女はその当時、筆者が主催していた、「女性たちの性生活ばかりを聞き出す」というトークライブのゲストの一人であった。

数カ月に一度、一晩に四～五人の女性をゲストに招き、夜通し行なわれるそのライブは、観客は多くて三十人、ひどい時は一ケタというような、とても《ビジネス》とはいえない、毎回地味な赤字を出すだけのいわゆる《地下ライブ》といわれる範疇のイベントではあったが、な

んの趣味もない筆者にとっては、「司会業をする」という自己満足を得るための時間であり、〝徹夜でキャバクラにでも行ったと思えばいい〟という自分への言い訳とともに、七〜八年も続いた。

　そのイベントの当初の目的は、「どこにでもいる素人女性の性生活を聞き出す」というノンプロ志向の企画ではあったのだが、さすがに「深夜・人前・顔出し・低賃金」が条件となると、クセの強い《剛の者》しか集まらないのは必然。次第にプロ・アマ問わず、恐ろしく雄大な《性の冒険譚》を持った女戦士たちが出演してくれる、ある種の《梁山泊》とでもいうべきイベントになっていった。

　当初想定していた「照れながら性体験を語る女性たちを見ながら酒を飲む」というゲス貴族趣味な風景は脆くも消え去り、イベントは次第に、セックスに積極的な女性たちによる、パンチの効きすぎた《武勇伝》発表会といった様相を呈していったのである。

　こうして主催側の目論見はまんまと外れたのだが、結果的には我々の想像の範疇を遥かに上回る豊かな磁場となり、観客も筆者も、他では得難い貴重な人生を追体験できる現場となった。

　しかし、いくらそのような傑物（女性）たちが続出したといっても、本当の意味で「誰とでもセックスする」という女性に会うことは、なかなかなかった。

　そこで冒頭のチアキ嬢である。

彼女は自ら《名古屋のヤリマン》の名を掲げ、我々の前に現われた。『ヤリマン・オリンピック』なる同種の地下ライブの生んだ超新星として乗り込んできたのだ（こちらのイベントでも当初は名前ではなく、《名古屋のヤリマン》として出てきたように記憶している）。

さて、この《ヤリマン》という言葉の裏には、どうしても男がやりたい時にセックスをさせてくれる、男たちの欲望の犠牲になっている、か弱い女性のようなイメージが確実につきまとう。しかし、チアキの口から出てきたのは、そのような受け身の言葉ではなく、主体的な、自ら選び取ったような《美学》ばかりであった。

彼女はその舞台で「タイムスケジュールに問題さえなければ、誰とでもセックスする」と公言。そのあまりの現実味のなさに、筆者もさすがに話半分で聞いていたのだが、彼女の言葉の真実性は、その後数カ月で確実なものと裏付けられてしまう。

イベント終了後、「あとは風邪引いていたり骨とか折れてなければ～」と言ってのけるチアキ嬢の話を大風呂敷と訝《いぶか》ったある男性共演者が、悪戯心で彼女の電話番号を数人の知人男性に配ったのである。数カ月後、こちらとしてはまだまだ聞き足りないと彼女を再キャスティングすると、その共演者は待ってましたとばかりに、こう訊いた。

「なんか変な電話かかってこなかった？」

するとチアキ嬢は、こう返した。

「きましたよ〜。知らない男の人から何件か電話がかかってきて、その人たち全員とセックスしましたよ」

筆者もそこで初めて共演男性の悪戯を知ったのだが、その実態はまさに昭和の都市伝説的な悪戯書きそのもの。あの《便所の落書き》が、現実となったのだ。

念のため説明しておくと、かつて、全国の男子用公衆便所、中・高等学校の男子トイレには、決まってこのような文字が書き殴られていたものだった。

花園花子←この女ヤリマン

××-××××-××××

「ここに電話すればセックスができる」という前時代の遺物的な悪戯である。むろん筆者も今までに何百回と見てきたが、個人的にはもちろんそんなおっかない電話番号にかけたことなど一度もない。

しかし、そんな悪戯書きも見かけなくなって久しい二〇一〇年、本当に「誰とでもセックスをするという女性」が実在してしまったのだ。

これが事実なら、筆者が今まで生きてきた中で学んできた、男女に関するいろいろな《前

提》を考え直さねばならない。

この瞬間、筆者の人生は、紛れもなく《チアキ以前》と《チアキ後》に分類されてしまったのだ。

他の昭和を生きた子供たちと同じように、筆者も幼少時から、女性は男性にとって《向こう岸》だと教育されてきた。女性は、我々とは《別の生き物》なのだと。

テレビではスキャンダルを乗り越えた男性タレントが「男は浮気をする生き物」だと照れ笑い、男性週刊誌のセックス特集では「男の浮気は種族保存のための本能」と結論付けられた。

その他方、多くのセックスを求める女性たちがメディアに登場する時には、決まって「弱者」「社会的病理」「セックス依存症」の言葉でくくられ、哀れみの同情をかき立てるための《ポルノ》として登場してきた。

果たして、そうなのだろうか。

誰とでもセックスをし、それを公言してはばからない一般女性、チアキ嬢の存在は、筆者の中で自然に形成されていた、それら全ての前提を覆した。

ならば、《ヤリマン》という巨大な人間大陸に分け入ってゆく他、確かめる術はない。ヤリマン、させ子、ビッチ、淫乱などと侮蔑的に呼ばれていた彼女たちの真実はどこにあるのだろうか？

筆者は、二〇一〇年頃から現在に至るまで、チアキ以前も含めるなら約十五年で延べ三百人以上の〝セックスに積極的な〟ヤリマン女性たちへのインタビュー取材を続けてきた。

そしてその結果として、彼女たちに、とても他人とは、とても異性とは思えぬほどの《シンパシー》を抱くことになったのである。

決して性体験が豊富な部類とはいえない四十八歳の中年男性である筆者が、数万の性体験を誇る女傑たちから何を学び、いかに彼女たちを発見していったのか――。

本書は、《彼女たちの物語》であると同時に、《我々の物語》である。

かつて、小説家の野坂昭如は『黒の舟唄』で「男と女のあいだには深くて暗い河がある」とし、それを「誰も渡れぬ」ものだと歌った。

果たしてそうなのだろうか。

自動的に性別だけで判断する時代に疑問を持ち始めた男の足は、自然と、ヤリマン女性という《未知の大陸》へと向かった――。

《著者より》

本書には『ヤリマン』『サセ子』『ビッチ』『淫乱』『パンコ』などの言葉が頻出しますが、それはいうまでもなく彼女たちを揶揄するものではありません。この本に登場する女性たちを、肯定的に表現する適切な言葉が、いまだないため、現状ではネガティブに使用されているこれらの言葉をあえてポジティブな文脈で使用していることを予めここに記しておきます。

なぜ、私は誰とでも寝てしまうのか ―目次―

～令和女性10人のセックス黙示録

第一章　チアキ

「今までで一番よかった
セックスなんてない。
だって、一週間前に
食べたお米の味
覚えてないでしょ？」

既に冒頭で説明したように、チアキ嬢は、筆者が初めて出会った「タイムスケジュール以外では絶対に誰とのセックスも断らない」と公言する女性である。

そうはいっても、そういう時の〝絶対に〟が条件付きであることがわかるくらいの人生経験はしてきたし、いろいろな意味で、そうでないとおかしい。しかし彼女の場合は、聞けば聞くほど、ほぼその条件が無いに等しいのである。

これは全く他人がいうことでもないのだが、答えから書くと、チアキ嬢は、本当に《誰とでもセックスする女性》だった。

ヤリマン女性のインタビュー取材をする際、筆者がよくする質問として、「もし十人に誘われたら、何人くらいとセックスしていると思いますか？」というものがある。

大抵の場合、「七人」だとか「八人」だとか、剛の者ならば「十人！」だとか、普通の女性は人数を答えてくるものだ。しかし、初対面の時の彼女は違った。

「もちろん十人だし、私はその十人の向こうにいる人間全員とのセックスも見ていますよ」

目の前にいるその人間とセックスしないことによって、彼の向こう、つまり彼の友達や同僚と巡り会ってセックスをするという可能性を失う——説明されればその意味は理解できるのだ

が、果たして、人間は瞬時にそんな解答を出せるものだろうか？

筆者が、名古屋からやってきたという一人のＯＬの、そのネズミ講のようなセックス観に一発で打ちのめされたのは、もはや書くまでもない。

彼女にイベントへ出演してもらった時、そこに居合わせた知人でもある男性共演者が「誰でも断らない」と公言するチアキ嬢を訝り、後日、知り合いに彼女の電話番号を渡して「ここに連絡したらセックスできるよ」と伝えたことは前項に書いた。

そして、数カ月後に再会を果たしたチアキ嬢は会うなり、笑いながら、こう報告したのである。

「二人ぐらい知らない人から電話かかってきて、その両方とヤリましたよ（笑）。まあ最終的には、知り合いの知り合いだってわかったので、道で声かけられるよりも安心なんでよかったですよ」

彼女はさらにこのあと、筆者の主宰イベントに出演した際、数度にわたって当日の客席から《お持ち帰り》を敢行。我々はライブハウスの出口に手でアーチを作って、客とチアキがセックスに向かうところを見送った。

こうして、彼女の「誰とでもセックスする」という言葉は、完全に真実となったのである。彼女が「セックスをしない」という例外は以下のようだ。

「会ってこの人は嫌だっていうのは……見るからに病気だって人とか、風邪引いてる人くらいかな。基本的には誰でもいい。〝今日調子悪い〟っていう時以外は。いくら愛してたって、足折れてたらヤらないでしょ？　あとは絶対断らないし、断る理由がない」

それでは、《タイムスケジュールに問題さえなければセックスを断らない女》ことチアキ嬢がどのようにして完成したのかを聞いていこう。

チアキ嬢は現在愛知県で暮らしている四十代の風俗嬢だ。風俗嬢といっても、コロナ禍が始まってから四十代後半にして風俗嬢になったという変わり種である。筆者が彼女に初めて取材した時からこの十余年の大部分においては、彼女はごく一般的なOLであった。

そんなチアキ嬢が生まれたのは、東京の大都会、港区青山。

「物心がついた頃から母子家庭で育ってたけど、実際には、父親とは月に一回会ってたの。で

もその人は母親からは〝親戚だ〟って言われてた。子供って血縁とかよくわからないじゃない？　その人がどういう関係なのかわからないまま私が中学生になって、そのおじさんは死んだんだけど、その葬式で、死んだ人がお父さんだったってことを初めて知らされたの」

「あの死んだ人、あなたの父親です！」――そんなドッキリ、あるのだろうか。幼少期から、パンチの効いた人生を送っていたチアキ嬢。

「凄いでしょ（笑）。最初は〝××さん亡くなった〟ってだけだったんだよね。ガンだったんだけど、病院にもお見舞い行ってたし、退院した時には一緒に旅行連れて行ってもらったり。〝こんな大変な時によく旅行するなー〟なんて思ったんだけど、それって後から考えれば〝そろそろ死ぬから〟っていう旅行なんだよね」

「最後の親子水入らず」ってヤツだったのだろうが、幼い娘は気付いてもいない。父親も、よく我慢したものだ。

「気付かなかった……だって最初から〝お父さんは死んだ〟って言われてたんだもん。母親は

シングルマザーだったから、いろんな男の人と付き合うわけじゃない？　彼氏ができるといつも会わせてくれたし、いろんな男の人が周りにいたから気付かなかったんだよね。一人一人どういう人か訊くわけにもいかないし。まあでもその人だけには通信簿見せたりしてたから、そこは変だったんだけども」

通信簿のチェックは大人からすれば大ヒントだが、子供には気付く由もない。

「告別式に行ったら、お母さんは端っこの方にいたんだよね。でも父方の親戚のおばちゃんが来て、〝あなたたちも中に入りなさい〟って言うの。そうしたらお母さんが遠慮して、『私はいいけど、この子は娘なんでこの子だけ……』って言ったの！　その瞬間〝え〜っ!?　ちょっと待って！〟って」

なんの自覚もないままに、突然主役に躍り出た幼少期のチアキ嬢。

「さらにそのあと食事会があって端っこの方にいたんだけど、初めて会う親戚の兄ちゃんが凄いヤンキーで、その人だけ私たちにお茶を注いだの。その瞬間に親戚中が泣き出して（笑）。

お兄ちゃんはお母さんが離婚する時に〝二人は無理だ〟って言って父の兄弟に貰われていった私の実の兄なんだよね」

　母の与り知らぬところで、兄と妹の《感動の再会》は果たされた。

「でも私は〝お兄ちゃん！〟とは思わなかったですね。私は子供の頃手先が器用で〝おじいちゃんに似たんだね〟なんて言われてて私もおじいちゃんが大好きだったんだけど、おじいちゃんの葬式で、私の母親はおばあちゃんが〝どこかよそで作った子〟だって言われて。だから私おじいちゃんの血を一滴も継いでなくて……」

　なんともドラマチックすぎる血縁だが、血よりも濃い縁だってあるに違いないと、幼い頃のチアキには言ってやりたい。あと、さらっと出てきた事実であるが、チアキの祖母もかなり発展的な人物であったことが発覚。

「そのあたりのことは母も知らなかったらしいんだけど、私には父親もいなくて、中学生の多感な時期にそんなことになったから、〝親戚とかもうどうでもいいや〟って思ったのかもしれ

ないよね（笑）。だから悲しくはなかったよ、ビックリしたくらい。人間関係って、もう心持ちだけだと思ったよ（笑）」

筆者の出会ってきた多くのヤリマン女性の人生が、いびつな家庭環境で始まっているように、チアキの人生もかなり独特な、そして極めて都会的な環境で始まった。そして、その親子関係の希薄さは、十一歳（！）で迎える初体験のエピソードからいきなり発揮される。

「あまり大きな声では言えないんだけど、私が初めてセックスしたのは小学生の時ですからね。十一歳の時、母親の彼氏が相手だったんです。今考えたらビックリするね（笑）」

今に限らず、いつ考えても、ビックリしてほしいレベルの衝撃だ。

「週末になるとお母さんに連れられてその人の家に行ってご飯食べたりしてたんです。要は、母が〝お泊まりデートに子供を連れていく〟っていう感じ。その時にうちの母も小さい我が子が自分の彼氏と仲よくするのは嬉しいから、〝一緒にお風呂入りなさい〟とか言ったり彼氏と一緒に寝かせたりしてたのね。だから私も凄いその人に懐いてたんです。それでその人、小学

校教師だったんです」

「母親の彼氏と〜」でもかなり凄い設定であるが、最悪の設定はまだまだ続く。

「あっ、私の担任じゃないよ。その彼氏は千葉に住んでた人で、うちの母より年下で当時三十歳いくかいかないかくらいの、若い兄ちゃんでしたね。確か、母と出会った時はまだ学生だったんだよ。それで私が彼と一緒にお風呂入ったりしてるうちに、母も段々と安心してきて、私が一人で留守番しなきゃいけない時に、その人の千葉の家に預けたんだよね。その日が最初のセックス」

典型的なロリコン小学校教師による、親子丼。チアキの処女喪失は、《犯罪性の金字塔》の頂上ともいえる人間関係の上で行なわれていたのだった。

「だから、今もそういう児童ポルノだとかのニュースを見ると、凄く複雑な気持ちになる。私は運良く平気だったけれども、そういうことで傷付いたりする被害者の子の気持ちもわかるしね……」

少女チアキがその処女喪失で心になんの傷も作らなかったことは、偶然であろう。しかし、このことが、彼女の《誰とのセックスも断らない》という、その後のセックス観を決定付けたといえなくもないのである。

「その人のことを好きだけど、恋愛感情ではなくて、セックス自体が楽しかったの。その人も上手だったんだろうね、たぶん。不快感どころか、快感しかなかった。でも、誰にも言っちゃいけないことっていうのはなんとなくわかってた。子供って親に内緒で楽しいことするじゃない？　ダメって言われてるおやつ買いに行くってことなんかと同じことだよね。その一方で当時はまだ小学生だから、学校に行けば〝××くんカッコイイ！〟っていう感情もあったし。〝それはそれ、これはこれ〟って感じでした」

チアキの貞操観念が崩壊している（無限開放されている）のは、この恋愛とセックスが、別々に始まっていたことが大きな原因のひとつだろう。

「今は両方が一緒になった〝好きな人だからこそセックスしたい〟っていう感情はわかります。でも、それは後ほど。そもそもは『好きだからやる』ではなくて、〝楽しい〟とか〝気持

ちいい〟とかだけだし、だから怖い思いも嫌なことも経験してない」

そんな状態だったから、母親が別れた後も、その教師とのセックスは継続したという。

「母親はその人と別れて別の人と再婚するんだけど、私はその元彼と会って、映画行ったり、セックスしたりしてた。中一くらいまでかな？　でも新しい父親もできたし、生活が変わっていったから、段々会わなくなりましたね」

ともあれ、千葉のロリコン小学校教師が、とんでもないヤリマン女性を生み出したことだけは事実。幸であったか不幸であったかは、今の彼女を見る限り前者であったようにも思える。正しい行為から、必ず正しいものが生まれるというわけではない。

ところで、母親は二人の関係を知らなかったのだろうか？

「知らないと思う。その後も彼のことは会話に出てきたことはあるけど、母親の口からは悪い話は出てないからね」

しかし、スマホや出会い系の欠片もない昭和の時代に、娘の担任でもなく、年齢もだいぶ上というシングルマザーが、どこで若き教師の卵と出会うというのだろうか!?

「母親は、その当時公務員だったしね。お酒も全然飲まないから、外に飲みにも行かなかったし……」

となると、下手したら道でナンパしただとか、そのレベルの強引な出会い方のような気がする。東京・青山という場所柄なのか、しかしこの文脈なら、やはりこう思うのが自然ではないだろうか——。

お母さんも、ヤリマンだった、と。

「そうだと思う（笑）。社交的だし、今七十歳過ぎてるけど、たぶんまだ現役だもん。身なりもちゃんとしてるし……まあ似てんのよ（笑）」

ヤリマンの子は、ヤリマンなのであった。

「今三人目のお父さんと北海道に住んでいるんだけど、それもダブル不倫の果てに二人で北海道に逃げたからね。誰とでも仲良くなるんだよ、もうＤＮＡだよね。だって、おばあちゃんがよそで子供作る家なんだから」

そうであった。ヤリマンの母の、そのまた母も、ヤリマンだったのだ。

続いてのセックスも親戚の中年男性だったというチアキ嬢が、ようやく同世代とセックスしたのは十五歳の頃。

「中学一年生の時に彼氏ができて、幼馴染みのその人と何回もくっついたり別れたりしたんだけど、中三の時に普通に初体験的なヤツはした」

ここでいう初体験は、恋愛を伴った初めてのセックス体験のことだ。

「別に言われてはいないけど、相手もたぶん童貞じゃないんだよ。だから特別に優越感もなかったし、別にどこかでなにか食べたみたいなもんだったよ」

後述するが、チアキはとにかく、しばしばセックスを食べ物にたとえる女である。

「同世代とのセックスも、それはそれでいいなと思ったよ（笑）。別にそんな特別じゃなかったけど、おじさんたちと違う感じはあんまりなかった。おじさん同士でもまた違ったしね。〝この人のはこういうんだ〟って感じ」

この時点で、もはや中学生のエピソードとは思えない老練ぶりである。ヤリマン女性の成熟は早い。

「でも同級生の彼とはいまだに連絡取ってるし、会うし、会えば絶対セックスするもん」

それから現在に至るまで20年以上のセックスの関係。まさに恋愛と肉体関係が別というチアキ嬢ならではの関係である。

そして、「特定の彼氏は絶えずいる」というチアキだが、誘われれば誰とでもセックスはしている。つまりそれは、人生で浮気していない期間がないということを指している。

「そうですね、彼氏はいるけれど声をかけられればフラフラとついていきますね。逆に〝どうしてヤッちゃダメなの？〟って思うくらい。ダメって言っている人の気持ちもわかるし、そういう人が多いのも重々承知しているけど、〝私はそうじゃないかな〟って」

日本社会のしきたりや通例を否定することはしないが、決してそれに準ずることもない。浮気は続けるが、彼氏にはそれを隠す努力はしているという。

「〝それは言っちゃいけない〟ってわかっているから言わないです。言ってしまったらよくないなって思うので。最近雑誌の『ＳＰＡ！』にヤリマンとして載ったのがバレて別れましたからね（笑）」

それに薄々感づいていても見ぬふりはできるが、やはり面と向かって知らされると否定せざるを得ないものである。

「その人は私が北海道から名古屋に引っ越すきっかけになった人で、十年くらいは付き合ったよ。私、基本的に男の人の家に転がり込むので、その前に東京から北海道行ったのも結婚した

人についていったからだしね」

なんと二十代早々に結婚していたというチアキ嬢。そこでも、やはり他では聞いたことのないような物語が待っていた。

「今は名古屋の別の彼氏のところに住んでいるけれど、籍は抜いてない」

母親のエピソードをそのまま、否、さらにえげつないことをしているような生き方なのである。

「《人でなし》なんですよ。人間関係に関する世間一般のルールには全く沿えてない。〝彼氏ができたら彼氏だけと付き合う〟とか、〝結婚を考える〟とか、〝ちゃんと別れてから次の人のところに行く〟とか、なんの段取りも踏まえないし、それに疑問も持たない。〝なんでダメなの？〟って思っちゃう」

自らを《人でなし》と言い、セックスへの欲望に特化した人生を歩むチアキ嬢。明るく語る

彼女だが、その裏に恐ろしいほどの覚悟が見え隠れするようだ。

　そんなチアキ嬢には、セックス観を決定付けたものが、二つあるという。

「私のセックス史において衝撃だったというか、リミッターを外すきっかけになったのは、《ハプバー》と《素人投稿写真雑誌》」

《ハプバー》とはハプニングバーのことであり、セックスやマニアックなプレイの相手を求めるだけでなく、行為自体も楽しめるというアンダーグラウンドな社交場。東京の他、全国各地の盛り場でぽつりぽつりと営業しているが、たまに違法店として踏み込まれてニュースとなってしまうこともある。

《素人投稿写真雑誌》とは、一般読者から送られた性行為の写真だけでほぼ一冊を形成する成人雑誌＝エロ本のことである。かつて写真にフィルム現像が必要だった時代、一般人がエロ写真をおおっぴらに現像することはできなかった。出版社はそのことを逆手にとり、フィルムの現像と引き換えに投稿を募り、一九九〇年代後半から二〇〇〇年代前半にかけて素人からエロ写真を集めた。当時、素人投稿写真雑誌は大ヒットとなり、多くのアダルト系出版社が競って出版したのである。

「そこで〝こんな人たちがいるんだ！〟〝仲間いっぱいいた！〟って思って、私も〝これでいいんだ〟って思ったんだよね。あと、人前でのセックスって見た目がいい人がやるものって思ってたんだけど、投稿雑誌を見たら凄い太ったおばさんとかが凄いことしてる（笑）。かと思えば、ハプバーに行ったら凄いキレイな子でもチヤホヤされてなかったり、デブでも気のいい子の方がモテモテだったりすることもある。〝セックスってパッと見で決められないものがあって凄いな〟って思ったよね。やっぱりセックスに対して開放されてない子は受け入れられないんだよ」

そうしてリミッターが外れたチアキ嬢は、東京へのハプバー通いを始めた。名古屋で生活し、東京でセックスをするようになったのもこの頃からだ。そして七年ほど通ったというその場所で、彼女は数々の伝説を作った。

「セックスした相手に道で見かけられるのが嫌だったから生活圏とセックスを分けてて、〝東京に行ってセックス〟っていうのは凄くよかった。あとで思ったんだけど、ハプバーってセックスが絡むから、カップルで来てた人が揉めたり、人間関係がグチャグチャになってる人がいっぱいいたのね。でも〝私は名古屋だから関係ありません〟って帰れるじゃない？　お店を

一歩出たらバイバイだから」

東京＝セックスするところ。

アジア有数のメガタウンとしてはずいぶんな使われ方だが、一時期のチアキ嬢にとっては、東京自体がひとつのデカい風俗店のようだった。

「楽しいんだよね。あの非日常の感じ？　ディズニーランド行って〝わあっ！〟っていうのや、スノボに行って楽しいのと全く同じ」

そんな楽しいハプバー通いの日々に達成した不倒の記録が、《一日で二十六人と連続セックス》である。

「ハプニングバーが開くのが十五時なんだけど、その時間から行って、閉店の翌朝六時まで一歩も出ないで、ずーっとヤッて二十六人」

その日、ハプバーの赤いフロアは、チアキ嬢との性行為で果てた男たちの体で、肌色に染

まったという。

「でも一人、閉店までに間に合わなかった人がいたから、その辺のホテルでヤッて、ホントは二十七人（笑）」

もはやどっちでもいいレベルだが、記録は記録なので正確に書くなら《一日で二十七人連続セックス》である。

こういう不測の事態に対応できるよう、彼女はいつも宿を取らずに上京しているという。ヤリマンはいつも背水の陣。

「でもあと一時間あれば、もっとヤレてたと思う。時間の問題だよね」

なぜそこまで人数を求めているのかはわからない。

とにかく一時期の彼女は、できるだけ多くのセックスをこなすために、血の滲むような努力をしていた。

「〝ハプバーでいっぱいセックスするためにはどうしたらいいのかな〟って思って、お洒落したり、メイクしたり、テクニック磨いたりいろいろしてみたんだけど、結局、好みって人それぞれじゃない？　太ってるのが好きな人もいれば痩せてるのがいい人もいる。じゃあ何かって考えた結論が体力だったの」

なんと、チアキ嬢はセックスのためにジムに通い始めたのだ。

「朝までヤリ続けるにはまず〝寝ない〟ってことと、〝体力だ！〟と思って。そうなるとお酒なんて飲んでちゃダメだから、ハプニングバーの『バー』の部分は要らないと。あと、お酒を飲まないのはセックスの気持ちよさがわからなくなるからっていうのもあるよね。お酒で気持ちいいのか、セックスが気持ちいいのかがわかんなくなったらもったいないじゃん」

チアキの発言のほとんどは理に適っている。その行動の全ては、セックスのためだ。

「あとはそこに十五時間もいるから、だいたい店でフードを注文したり、外出して食べたりって人が多いんだけど、それをやると休憩しちゃうから、リスタートに時間がかかって目一杯い

けない。だけど十五時間もの間食べないと《ハンガーノック現象（激しく長時間にわたるスポーツ時に、極度の低血糖状態になること）》になっちゃって危ないから、シャワー浴びる時にウィダーインゼリーを飲んで補給しながらヤッてましたね。だって、自分がやりたいことがやれなかったら嫌でしょ？　ディズニーランドに来て乗り物に乗らないなんてバカみたいじゃない。〝一人とヤッて疲れてるから、この人とヤレない〟っていう、そんなガッカリは嫌だから。だからジムで走ったり泳いだりして体力作って、金・土・日は東京に行くと」

そんな思想のもとにハプバーに通い詰めて一年ほどで、経験人数は飛躍的に伸びた。

「ハプバーでヤッた相手は、九割方覚えてない。外に出てもヤルような関係になったのは、何人もいないもん。よっぽど合う人じゃないと二回目もしないし、三回以上ヤッた人なんて数えるほどだよ」

チアキ嬢は《誰とでもセックスする》が、《同じ相手と二度セックスすることは稀》なのである。そしてこのスタイルは、多くのヤリマン女性に共通する。

「恐らく、ほんの数％でしょうね。それで今までの経験人数は千いくつじゃない？　百人を十代で超えたのは覚えてるんだけどね。最初は熱心に名前と年齢をノートに付けたいくらいだったけど、百人を超えたらホントにどうでもよくなって、数えるのをやめました」

そして、本人にも意外だったことに、ハプバーでの《ヤリマン伝説》が一人歩きを始め、チアキはイベントや一部のメディアで引っ張りだこになった。

「私が凄いヤル人だってわかったら、みんなが凄いおもしろがってくれて。女の子が〝話聞かせてください〟って来たりしたんだけど、言われてビックリしたの。私、元々女の子と仲良くできると思ってなくて、ちょっと嬉しかった」

ひとつのことに極限まで集中した人間が語る言葉には、他の誰にも似ていない力強さが宿る。偉人たちやスポーツエリートの言葉が我々を惹きつけるのは当然のことである。そしてまたチアキも、そういった強い言葉を持つ一握りの人間となったのである――セックスをしただけで。

「〝セックスで人を楽しませられるんだ！〟って思って。それまでは〝誰にも言うまい〟って

思ってたんだよね。でも、最初に『ロフトプラスワン』（東京・新宿）っていうライブハウスのイベントで百人以上のお客さんの前でしゃべったら凄いウケて、ビックリしたんだよね」

かつて、ヤリマンの作家、ヤリマンのライター、ヤリマンの芸能人等々、他の肩書き付きでメディアに登場した女性はいたと思うが、チアキ嬢に至っては、肩書きが《ヤリマン》としか言いようがない。そういう意味でいえば、彼女は、野に咲くヤリマンとして有名になった最初の人物なのかもしれない。

では、なぜチアキ嬢がここまで各種イベントでウケているかといえば、そのヤリっ放しな人生のせいもあるが、それは彼女の口から出る言葉の力強さのためである。

ここからは、筆者が聞いた《チアキ語録》を、本人の解説付きで紹介していこう。

まず衝撃的なのは、「十人から誘われたら何人くらいとセックスする感覚か？」という質問に対しての答えである。

「もちろん十人だし、私はその十人の向こうにいる人間全員とのセックスも見ていますよ」

「意識が高い」という言葉が流行して久しいが、それどころではない。いったいどこにここまで視線を遠くに置いてセックスに臨んでいる人間がいるだろうか？

「私は日頃の人間関係もそう思っていて、〝いい会社の合コン行ったけどいいのがいなかった〟なんて言ってるのを聞くと、〝そいつはダメでもそいつの同僚はいるわけだから、そのコネクション、ツテをみすみす捨ててどうするんだろな〟って思うの。〝弁護士なのに……〟って聞くと、〝いや、弁護士の周りはみんな弁護士なんだから！〟って思うのよ。簡単に一人を断ることで、それ以上を捨てることになるんだから」

　まさにネットワークビジネスのような性関係の築き方といおうか、セックスの相手を、目の前の人間だけで捉えていない。

　これは後の章で紹介する有奈めぐみ嬢と同じで、性の対象である男性を《点ではなく、線で捉えている》から出てくる発言であるといえるだろう。

　全ての男性は、ヤリマン女性のヴァギナへと続く一本道の上にある。

　続いて、「今までで一番気持ちよかったセックスは？」という問いに対する、「無い」という解答。

「だって、一週間前に食べたお米の味って覚えてないでしょ？」

かつて人気漫画『ジョジョの奇妙な冒険』に登場した吸血鬼ディオが、今まで殺した人数を問われた際に「おまえは今まで食ったパンの枚数を覚えているのか？」と言って読者の怒りを買ったものだが、この、童貞からすれば、絶望的なほど傍若無人なチアキ嬢の言葉ですら、自らが喰らってきた山のようなセックスについての正直な感覚なのだろう。

ここで誤解しないでほしいのは、彼女にとってのセックスが、日々の惰性で積み上げられるものではないということ。チアキ嬢のセックス観は、その数千の男を超えて、極めてポジティブな持論にまで行き着いている。

「世の中にそんなにセックスが下手な人っていない。それよりも、上手いヤツが酔っぱらってダメな時の方がよっぽどダメだよ！　ヤリチンだって風邪ひいてたら〝箸にも棒にも〜〟だよ。それ考えたら、上手くない人のいいコンディションの時のセックスの方が、全然気持ちいい」

驚くべきことに、チアキ嬢は、もはや男性個々のセックスの技術格差はほとんど無いと言い

切るのだ。

「凄い上手な人と凄い下手な人ってそんなに変わらない。それはそれとして、〝なにがダメなの？〟って感じ。〝下手なのもセックスの種類のうちの一個じゃん〟って」

これは、驚くべき量をこなしてきた人間でなければ、決して言えない言葉だ。我々の中のデータ分布は、せいぜいカクカクした初代ファミコンのようなピクセル数であろうが、彼女の中に蓄積されたデータは、とんでもなく細かいグラデーションなのだから。

「上手くても下手でも、全部好きなんだから。この前〝男性器が小さいのは？〟って訊かれたんだけど、〝なにが関係あるの？〟って言っちゃったもんね。それで優劣を付けるのは、よっぽどこだわりのある人。まあ世の中のメインはそういう人たちなんだけど、私はそうじゃない。わかるよ、よさは。〝上手い人とまたヤリたい〟って思うし、〝この人下手だな〟ってのもわかるけど、じゃあそういう人と二度とヤラないかっていうとそうではない。『かつぜん』（東京・銀座にあるトンカツの名店）を必要以上に崇めないし、『かつや』（ご存じ人気トンカツチェーン店）を見下さないってことかな。だって、どっちもトンカツじゃない？」

どうにもカツの茶色い衣が頭に浮かんでわかりにくいので、こう書き換えよう。

《下手だっていいじゃないか、セックスだもの――チアキ》

そこまで悟ったような言葉を吐きながら、果たして、チアキ嬢はセックスに何を見出しているのだろうか？

「相手の人が喜んでたら、それは喜びになるよ。〝ありがとう！〟とか言ってくれたら嬉しいじゃん」

もはや、人助けのレベルに入っているのである。

「そうそう（笑）、けっこうあるよ。お腹空いてる人に、ご飯作るようなもんだよ、〝ほら、食べていきなさい〟って」

人助けの果てに、セックスをふるまうお母さんになっていたのである。

では、本人の願望はどこにあるのだろうか？

「性欲が強いかどうかは比べたことがないからわからないけど、人よりはたくさんヤレると思う。《大食いの人》がみんなとバイキング行って、〝えっ、もう食べないの？〟って思うのと一緒じゃないかな」

さしずめ《フードファイター》ならぬ、《セックスファイター》というところか。

「基本的には、お腹いっぱいになることはない。だから、〝まだあるんだったら食べようよ〟って思う。だからといって、一人前で不満ってこともない。〝食べていいよ〟って出されたら全部食べられるってこと」

確かに、言っていることはフードファイターのそれである。

「しばらくセックスをしなくても、別に平気だと思うよ。中途半端なセックスをダラダラやってる方が嫌かも。十年くらい付き合っていつも同じことをただやってたりしたら、おもしろ

くないよ」

　では、彼女にとって《おもしろいセックス》とはなんなのだろう？

「相手の許可さえあればセックスした直後にオナニーしたり（笑）。長い付き合いの相手だと、〝これやったら失礼かな？〟ってことも全然できるし、超楽しいですよ。その男の人だって、私としてる最中に他の人とヤッてる動画観たりとかね。その人がそれで嬉しいなら凄い楽しい。ハメ撮りも、全然いいよ。だって、私の持ってる一番古い写真って十七歳の時のセックスしてるところのだから」

　気持ちいいくらいに、どこまでもセックスの人生なのである。

　確かに、チアキの話からは、社会規範やモラル、一般的な家族関係からはほど遠いものしか出てこない。労働や生活、結婚、血縁、それら全てから独立したところに、チアキのセックスがあるからなのだろう。

　最後に、チアキの思う《ヤリマン女性像》を訊いてみた。

「性に対して奔放で、自由な人」

だから、結婚についても「自分からは一回もしたいと思ったことない」し、付き合った彼氏にも関係を続けるためのセックスは求めない。

「セックスの時はね、誰にも邪魔されず自由で、なんというか救われてなきゃあダメなんだ。独り静かで豊かで」

久住昌之原作の漫画『孤独のグルメ』での井之頭五郎の名台詞をチアキに当てはめるなら、こんなところであろう。

彼女は結婚していまだに籍を抜いていないという私生活の闇を抱えながら、明るく快活な素人ヤリマンとして、メディアや風俗店で活躍をしている。

他者とのコミュニケーションの極限ともいえるセックスだけを優先したことで、どこかハードボイルドな美学を漂わせるチアキ。その存在は、筆者だけでなく、多くの人間にとって「ヤリマン」という言葉を考え直すきっかけになるだろう。

「裁縫も料理も掃除も洗濯も得意で、どう考えてもお嫁さん向きなんだけど、唯一、貞操観念が崩壊しているから、絶対にお嫁さんに向いてないんだよね（笑）」

しかしこの「向いていない」は現代日本に限っての話というだけで、時と場所が変われば、全く意味が変わるのかもしれない。それは同じく性に奔放であったであろう彼女の祖母が力強い女性であるチアキ嬢の母を産み、育てたという事実が、何よりも雄弁にもの語っているだろう。

第二章

白玉あも

「どうやって会話したらいいかわからないから、セックスをした」

よくセックスを《究極のコミュニケーション》などと称する人たちがいる。

だが常々、セックスのように、その頻度が人によって大きく違う行為をコミュニケーションとして語ることは、無理があるのではないかと考えていた。しかし、この章で紹介する女性の話を聞くだに、それがコミュニケーションであることに疑いがなくなってしまったのである。

彼女、白玉あも嬢は、「男性との間で会話が続かないと、セックスをしてしまう」と言うのだ。さらには、「味噌ラーメンを一杯奢ってもらって、なんか悪いから」という理由で、セックスをするとまで語ってしまうのである。ごちそうさまがセックスと等価――彼女は、いろいろな意味で我々が考えているセックスというものの価値観を、破壊する女性なのであった。


世にも不思議な《メンヘラ（精神的に病んでいる）アイドル》なる肩書きで活動している地下アイドル、白玉あも嬢。いくら近年多様化が著しいアイドルといっても、彼女は今年で四十一歳。なかなかの年齢である。精神の不調がある時は精神科の閉鎖病棟に入院していることもあるために、この肩書きは〝そのまんま〟なのだが、ここで簡単にメンヘラアイドルとしての活動を説明しておくと、彼女はこれといって歌を歌うわけでもないし、ＣＤを出すわけでもない。

アイドルがイベントで歌を歌うように、白玉あも嬢はエロ系のトークライブに出てエロ話をし、アイドルがファンと触れあってチェキ（インスタントカメラ）を撮るように、白玉あも嬢は客に直接顔面騎乗をしながらチェキを撮る。そのサービスはもはやライト風俗級とでもいおうか、このご時世ならではの、サービス過剰、激安価格破壊系のアイドルなのである。

そんな彼女の歴史は、北の最果ての、果てしなく暗い物語から幕を開ける。

北海道の最東部、およそ人口二万五千人弱の根室市（二万三千六人／二〇二四年一月現在）。年の離れた兄と姉がいる三人きょうだいの末っ子として生まれ、小学生の頃には両親が離婚。以来、母親とのいびつな二人暮らしが始まる。

「根室は、もの凄い田舎ですね……。大学はなくて、高校は二つしかない。私はいい方の高校に推薦で入りました。中学では吹奏楽部の部長をやったりしてましたけど、ちゃんと学校に行ってないんですよね。小学校でも高学年になるにつれて突然泣き出したりして、そうすると先生が〝あぁ……〟って授業を中断して保健室に連れていくみたいな」

十代初めにしてすでに、情緒不安定な、《メンヘラ少女》だった。

四十一歳の現在もたまにしているという自傷行為、リストカットを始めたのも中学生の頃だ。

「〝死にたい〟とかそういう気持ちもなかったんだけど、理科室でよさそうな刃物があったので、単純に〝切ってみたい〟と思っちゃった。感覚的におかしいんでしょうね、そうやって自分を傷付けてみたいってのは……」

彼女の自傷癖、破滅願望はこの頃から、《ヤリマン》として公衆の面前で活躍する今に至るまで、一貫したもの。

「その時の自傷は一回で止まったんだけど、高校生くらいからは、急に机をドーンってやったり、教室で暴れたりしてましたね。今となっては〝親がいなかったのが寂しかったんだろうな〟ってなんとなくの原因はわかるんだけど、当時はなんで自分がこうなっちゃうかわかんなくて」

そして、そんな多感な十五歳の頃にした初めてのセックスが、彼女のその後のセックス観を決定付けた。

「中三の時に初めてセックスしました。相手は、付き合ってはいないけど凄い仲がいい同級生。向こうも母子家庭の人で、その時、彼が熱で学校を休んだんですね。それで学校から届け物をしなければいけないってことになって、〝私仲いいし、行く〟って言って持っていったんですけど、彼の部屋でちょっと喋ってたら〝隣に来て〟ってなって、一緒に布団に入ったらモゾモゾしだして、そこでセックス」

その時の彼女の感想は、ごく一般的なものだった。

「痛いっていう感覚はなかったですね。でも気持ちの中では〝これで私も大人の女になったんだ〟って思えて嬉しかったし、〝ヤッたんだからもう私と付き合うことになるだろう〟って思ったんですよね。実はその男の子は、私が毎日一緒に学校へ通ってた女の子の友達と付き合ってたんですよ。その女の子には悪いんだけど、〝最近彼氏とうまくいってない〟って聞いてたし、〝いいかな〟って気持ちでした。どこかで〝私の方が勝っちゃった〟って感覚だったと思う」

しかし、初セックスの相手とは、思うような関係にはならなかった。

「しばらくは仲よくしていたんですが、ある日放課後に彼に呼ばれて、行ってみたら女友達がたくさん集まっていて。その前で彼から、〝俺、オマエと別に付き合ってねえから〟って言われて、〝だよね……〟って言うしかなかったです。私も内心傷ついたけど、その時に〝セックスをしても付き合えないんだ〟って思って、そこから《セックス＝恋人》じゃないって思った」

「彼氏ができた」と喜んでいたことを思えば、少女の心は引き裂かれるような衝撃を受けただろう。

「だからそれから先も奥さんがいる人とか、彼女がいる人とかとも平気でヤルようになっちゃったんだと思う」

そのような衝撃的な経験で、白玉あも嬢は《初体験でヤリマンになった》のである。

その後、中学生時代はあまり経験数を重ねることはなかったが、高校になると携帯電話を持ったこともあり、多くのセックスを重ねていく。

「高校生の時とかはママも家に帰ってこないし、援交（援助交際）もしてました。相手は知ら

ない大人です。その頃流行っていた伝言ダイヤルやツーショットダイヤルで会って、札幌まで遠征で呼ばれたりもしましたよ。そういう時は先に交通費のお金を振り込んでもらって、夜行バスで行ってました。向こうでカラオケ行って、ご飯食べて、ラブホでセックスして泊まって、帰りにお金まで貰える」

一九九〇年代の援助交際というと、女子高生が高級ブランド品を買うために～という、どこかバブルっぽいイメージが強いものだが、彼女の場合、その目的は違った。

「一回三万円とか五万円とかを貰ってたのかな？　でもそれは、食費にしてたんです。ママは離婚してからちょっとおかしくなっていて、私が冷蔵庫の中のものを食べると、帰ってきて〝あれ？　卵がない！〟〝プリンがない!!〟って怒るんですよ。〝ダメだよ、ママのなんだから！〟って。それってもう〝自分で稼いで食べろ！〟って言われてるようなものじゃないですか？　離婚後はご飯も作らなくなったし、洗濯もしないし、もう、ルームシェアみたいな感じでした。パパからの養育費は毎月入ってたんですけど、それは私に使ってくれなくなって。最初はそば屋でもアルバイトをしてたんですけど、それも給料が入ったら全部ママが持ってっちゃうんですよ。それで〝バイトなんかしてらんない〟となって援交を始めたんです」

生活のための援交だったが、やがて、その生活費にまで母親の手がつくようになった。

「ある時ママに通帳を調べられて、〝なんでこんなにいろんな人から振り込みがあるの!?〟ってバレたんです。それで〝アンタなにやってんの!?〟ってなったんですけど、もし私が援交やめたらママも困るし、最終的には〝この子は稼いでる〟ってわかったので見逃して、それからは〝車ぶつけたから××円貸してくれない？〟っていうような感じで、私にたかってくるようになったんですよね……。高校生の娘に三万円とか借りて、それでパチンコ行くんですよ。もう完全におかしくなってますよね……」

最もナイーブな年頃にほとんど一人で投げ出された状態で、援助交際で暮らしていた根室の高校生。そんなところにセックスの快感などあるはずがなかった。

「〝気持ちいい〟って感覚は特になかったけど、〝こういうことしてる時って男の人優しいな〟って思ったし、〝ヤラせれば家に泊まりに来てくれる〟って感覚がありましたね。その頃長く関係が続いていたのは、地元のお祭りの運営サークルに入ってて、そこの人ですね。青年団とか自治会って感じのところで、そこには大人もいっぱいいて、《打ち合わせ》とかいって

飲み会にも呼んでもらってたんですよね。だからそこの人とはだいたいヤッてます」

ちょっとにわかには信じられないが、ある小さな街の自治組織、人数にして十数人のメンバー全員とセックスしていたのである。

「一番多かったのは二十歳過ぎの若い人で、あとはおじさんたち。でもその人たちはみんな奥さんがいる三十過ぎのおじさんなんですよ。そういう人たちが車の中でイタズラしてきたり、家に呼んでベロベロに酒飲ませてヤッたり、別荘で乱交したり……」

——その中で誰かと恋愛関係になったことはない？

「ないですね、〝カワイイ〟とか、〝付き合おう〟だとか、〝他の男と遊ばないで〟だとか、言われたことはなかったですね。変な話、その会合にその人たちの奥さんが来たりもするんですよ。でもご飯だけ作って帰ったりして。まあほぼ全員とヤッてましたけど、今考えるとおかしいですよね」

そのサークルは他にも何人か若い女性もいたが、『飲み会』に誘われるのは彼女と他数名のわずかな女の子たちだった。

「私の後に入った子たちはそういう会に呼ばなかったりしてたし、私はやっぱりそういう目で見られてたんでしょうね……」

愛玩動物ではなく家畜のような存在といおうか、彼らにとって、白玉あも嬢は完全に〝食べる用の〟女の子だったのだろう。

そんな異様な境遇で、彼女には「セックスを断る」という選択肢はなかったのだろうか？

「ないです。なんで断らなきゃいけないのかわかんなかったし、男の人に〝セックスしたい〟ってアピールされて、断った時にガッカリされるのが怖いっていうか。〝明日から連絡なくなるんじゃないか〟とか、〝アイツはもう要らない〟とか言われそうな気がして……。性的な役割でも、他人から必要とされているのは嬉しかったんです。ヤレばまた遊んでくれるし、居場所は作れる」

家族も、居場所もなかった少女は、《セックスで作った家》に一人で住んでいたようなものだ。

　しかしその代償として、今も拭えない罪悪感が、彼女のセックスにはつきまとっている。

「セックスの後はだいたい嫌な気持ちになることが多いんですけど、それは相手の奥さんや彼女がいるところで〝なんにもないふり〟をするのがキツかったからだと思います。高校の時からずっとそんな感じです。みんな、私とヤルことは《秘密》なわけじゃないですか。だからセックスは〝言っちゃいけないこと〟って感じでした。もしも自分のセックスを堂々と言えてたら、ちょっと人生変わってたかもしれないと思う」

　彼女のセックス観を決定したその性への《ネガティブな意識》は、さらにいえば幼児期にまでさかのぼるものだった。

「幼稚園に上がる前くらいの時に、高校生くらいの従兄弟にオナニーの相手させられたってこともあるんです。寝てたら太腿に擦りつけられて、そのまま精子をぶっかけられるっていう。昼寝してて起きたら私のパンツを降ろして素股みたいなことやってて、ハアハア言ってて」

近隣住民からも、親戚からも、白玉あも嬢は幼少期から《性の対象としてだけ》見られていたのである。

「〝これはママに言っちゃいけない〟ってことはなんとなくわかってた。それが原因かどうかわからないけど、私、なんか変なことを口走ったらいけないから、家族とか親戚で集まってもあんまりしゃべらなくなったんですよ。みんな楽しく一緒にいるけど、〝お兄ちゃん私にエッチなことしたよね〟って思いながら誰にも言えずにいたし……とにかく嫌でしたね、親戚といるのは」

どこでも公言できないまま、異常な性体験だけを重ねていった十代だった。

そして高校を出て函館の専門学校に通うようになって、家族関係のストレスはなくなったと思われたが、姉の早世で帰省した彼女に、容赦なくそれは襲いかかった。

「お姉ちゃんは脳腫瘍で倒れて三カ月くらいで死んだんだけど、急いで根室に帰ったらみんな泣いてて。それでお葬式が終わったらみんなでご飯食べたりするじゃないですか？　そこで従姉妹のお姉ちゃんが私に〝っていうか、なんでいるの？〟って言い出して、〝お姉ちゃんは子

供もいるし生きていなきゃダメな人だったけど、アンタはいてもいなくても変わんないんだからアンタが病気になって死ねばよかったんだよ！〟って言われて。そうしたらウチのママも泣きながら〝そうなのよねえ〟って言い出して……みんなそんな感じになっちゃって、〝あれ、アンタいたの？〟とか変な冗談とかが始まって。それを、いい大人たちがやり出すんですよ。その時に〝もうこんなところ一生関わりたくない〟って思って、急遽その夜に飛行機とって函館に帰って、その人たちとはもう一生バイバイですよね」

安易に相槌を打てないような、痛すぎる言葉が続く。函館に帰ってからも「親戚から離れ、とにかく早く東京に行きたかった」という彼女は、当時のナンパスポットであった五稜郭前の交差点で男たちを物色し経験を重ね、その一方、別の方法でセックスによって東京へ上京するための段取りをつけていた。

「高校三年生くらいから、ツーショットダイヤルで知り合った東京の人と、遠距離恋愛みたいな感じで付き合ってることにして、全然好きじゃなかったけど、《東京に出るための口実》をその時点から作ってたんですよ。〝その人をキープしながら援交でお金を貯めて、東京に行く資金にしよう〟って」

もはや何かの復讐劇のような壮絶な話にも思えてしまうが、彼女は《必死にセックスをして、北海道を出た》のだった。

「東京での家は〝東京に出てきたら同棲しよう〟ってその人が用意してくれましたね。申し訳ないですけど、その人のことは全く好きじゃなくて、一年くらいで別れました……ひどいですよね」

彼女の周りのひどさがもの凄すぎて、彼女のひどさが判別できないくらいの話ではあるが、彼女には人を傷つけた自覚があった。

ともあれ、上京した彼女はカフェの社員になって働いたが、半年ほどで辞めてしまう。夜の店に転職したからだ。

「毎日仕事して、〝髪を染めちゃいけない〟とかいろいろな決まりに疲れて、昼の仕事をしつつたまに飲み屋で働き出したんですけど、なんか馬鹿らしくなっちゃって、半年くらいでそっちだけになっちゃいました。変な話、東京にそういう仕事があるって知ってたから、〝早くしたい〟って思ってたんです。田舎が嫌なのって、横のしがらみだらけというか。東京って出て

しまえば、人殺した人とかもいるだろうし、もっと育ちが悪い人もいるだろうし、そういうところに出れば紛れるかなって思って……」

美しい世界に憧れる人間もいれば、混沌に憧れる人間もいる。世の中には、プロ野球選手に憧れる少年がいるように、キャバ嬢に憧れる少女もいるのだ。

「彼氏にはカフェの仕事に行ってるふりをしてました。でも、段々気付いていったっぽいんです。ご飯奢ったり、プレゼントあげたりしてたから、お金持ってるのがわかってたと思うし」

自立できるようになると彼氏とも別れ、二十三歳頃、彼女に初めてのまともな彼氏ができる。

「その頃、プロレス会場でよく会ったバンドマンと付き合うようになったんです。〝今日も来てるね〟みたいに話すようになったら、向こうがすぐ〝付き合いたい！〟ってガツガツくるタイプだったので。当時『魔法の愛らんど』ってよくバンドマンが使ってたホームページの日記に〝Hちゃん（本名）と写真撮ってきた〟〝これ見てたら連絡してね！〟って書いたりしていたんです。そんなに堂々と私のことを〝好きだ〟って言ってくれる人が初めてで嬉しくなっ

ちゃって、その時はまだ彼とセックスしてなかったけど、連絡したら〝付き合って〟って言われて、〝家賃も払わなくていいし、これでもう夜職しなくていいでしょ？〟って。私それくらい強引に引っ張ってってくれないと、男の人と付き合えないんだと思うんですよね。それからはまたカフェで働いて、二十七歳くらいまで三年半くらいは彼と同棲していました。セックスもたまにするし、家で一緒にご飯食べるし、休みの日は出かけるし、向こうの友達とも仲よくなったり、ホントにやっと普通の人みたいなことができるようになって、楽しかったです」

この頃は特に手首を切ることもなく、彼女の人生でほぼ初めてともいえる《ごく普通の生活》は三年半ほど続いた。

「出会い系もやらなかったし、そもそも男の人と遊ばなかったです。彼が全くお酒飲まない人だったから、私も仕事終わったらすぐ帰らなきゃダメで、家帰ってご飯作らなきゃって、お嫁さんみたいな感じでしたね。でも、長く同棲してるから〝結婚あるかな〟と思ってたんですけど、それがないってはっきり言われたので別れました。〝一生懸命低賃金で頑張って働いて毎日家事もして一緒にいるのに、このまま歳とって老けていくのは嫌だ〟って思って、それからまたヤリマンに（笑）」

そしてまた、彼女は極端な選択をした。

「〝もう三十が迫ってる〟〝三十歳までにやりたいこと興味あること全部やらなきゃダメだ〟って思って、ハードなことをやり始めました。まずはSMクラブかな。そっちは長くて二年以上できましたね。SMクラブは収入もよかったけど、おもしろいっていうのが長続きした一番の理由かな。演技みたいなことするのがおもしろくて、お客さんも外ではちゃんとした人たちなんだろうけど、そこではホントの姿が見れるっていうか。ドSみたいなお客さんなのに、私がウンコかけても勃起してたりしていて、〝この人ホントはMなのかなぁ〟とか思ったり。それまではSMなんてやったことなかったし、〝怖い〟なんて思ってたんだけど、ストレス発散にもなりましたね。改めて考えてみると、私はセックス自体がそんな好きじゃないのかもしれない。なきゃないでいいというか。SMクラブのお客さんは、単純に《抜く》のが目的の人たちじゃないんで、よかったです」

純粋な性欲としてのセックスへの否定は、かつて彼女が所属していた世界への嫌悪感ともとれるだろう。誰もが彼女をセックスの相手としかみない世界で、彼女はそれだけを武器に生きてきた。

その世界から考えると、変態の世界はもっと《個性的》で、《自由》に映ったのだろう。彼

女の変態志向は、その後に出演するＡＶについても同じであった。

「ＡＶ女優も二十九歳とか、三十歳になる手前のギリギリで始めたんですけど、ＳＭクラブが楽しかったから、〝楽しんでる時の自分が客観的に見たい〟と思って、〝じゃあＡＶかな？〟と。自分で（モデル）プロダクションを探して始めたんですけど、やっぱり普通のＡＶ女優はノーマルなセックスから始めて、段々《アナル解禁》《ＳＭ解禁》というようにハード路線に進んでいくものだったんですよね。でも私は、最初の方にやるノーマルなセックスの仕事は要らなかったんです。最初から《スカトロやってる私》とかが見たかったので、《三大ＮＧ》の方がやりたかったんです」

ＡＶ業界で《三大ＮＧ事項》と称され、多くの女優が忌避する《アナル、スカトロ、ハードＳＭ》。一般的な性癖とは違うそのマニアックな世界観は、その道のマニア以外の人間にとっては受け容れ難い、いわゆる《ヨゴレ仕事》のような側面がある。しかし、彼女にとっては、それだけがＡＶに求めていたものであった。

「最初は事務所からも信頼がないから〝試しに普通の現場行ってみて〟って感じで普通の現場

に行きました。嫌だったんですけど、そういう現場だと男優さんとかが〝カワイイね〟とか言ってくるんですよ。それがホントに嫌で、イライラして機嫌が悪くなっちゃって。だってそれって、嘘だから。もっと若くてカワイイ女優なんていっぱいいるのに、そんなこと思ってるはずないですもん。昔から他人に〝カワイイ〟とか言われても否定しちゃうんですよ。お世辞とかが嫌いだから」

白玉あも嬢は、「自分のルックスなんて好きじゃない」という《面倒臭いAV女優》だった。しかし、場所が変われば気持ちも変わった。すぐさまスカトロやSMというマニア路線に転向すると、その道では知られた存在になる。実際に出演したノーマル作品は五本程度であるのに対し、マニア作品は二十～三十本程度。活動期間は半年ほどだったが、想い出に残っているのはやはりマニア系の作品ばかりだった。

「全国のファンの家に行って応募してきた素人の方とスカトロプレイをする『全国うんこ紀行』（V&Rプランニング）とか、楽しかったです。あとは『糞接吻』（V&Rプランニング）ってウンコ味のキスを女の子とやるものとか、一本糞をポッキーゲームみたいにやったり、どれも楽しかったですね。普段、絶対できないことだったし、最高でしたね。そういう出

演作は自分でも観ますね。パッケージにも糞まみれの自分がいて、〝凄いなぁ！〟って。そういう顔を〝あもちゃんカワイイ〟って言われると、〝でしょ!?〟って思えるんですよね。汚れてる時は、自分でも〝この私はカワイイ〟って思える」

相当まわりくどいが、やはり褒められるのは大好きなのである。しかし、自意識と猜疑心が人一倍強すぎるために、自分を肯定するための様々な踏み絵が必要だったのだ。

「やっぱり感覚がおかしいですよね、無茶苦茶ですよね」

他人が嫌がる、眉をひそめる状況に好んで入っていく。その中でしか生きた心地がしない。世界には汚れた川を好んで住み着く魚がいるというが、彼女にとってその川は汚れてなどいないのだろう。

それは過去に付き合ってきた男性遍歴でも同じで、《変な人》であることが安心できる条件なのである。

「変な人の方が気は楽ですよ。毎日スーツ着てるサラリーマンで、土日休みなんていう人とは

付き合ったこともないし、たぶん好きにならない。〝育ってきた環境が違うんだろうなあ〟って思っちゃってダメですね。たとえば、合コンとかでそういう人と知り合ったとしたらその人の『フェイスブック』とかを見にいくんですけど、《××大学卒業》で同級生とかが友達にいっぱいいたり、お盆に帰省してたり、そういう普通っぽい情報を見ると〝合わないな〟って思っちゃう」

ということで、過去の彼氏の中には、妻帯者はもちろん、薬物中毒者やＤＶ癖、犯罪履歴を持った彼氏らが並ぶ。

「ダメ人間とヤッてる方が素直になれるし、自分らしくいられる。〝私はこういう人と結ばれるべきだよね〟って思えるんです。そういう人は何回か会っていくうちに、カミングアウトしてきますよね。〝俺こういうのやってるんだ〟って腕の注射の跡見せてきたり。あと〝奥さんの前ではできないから、キミの家でゆっくりやらせてくれないか？〟ってきたり（笑）。私そういうの怒らないから、〝まあ本人がやってる分にはいいか〟って思っちゃいます」

人に言えないことを持っているという感覚があるから、相手にもそれがあった方が、気楽と

いうことなのだろう。

「そうですね、そういう人の方が楽だったり、信用できるというのはあります」

ＡＶ女優引退後は様々なアルバイトを続けながら、《ヤリマンアイドル》《メンヘラアイドル》なるけったいな名義で活躍し、現在に至る。

そして年齢を重ねたこともあり、《居場所を作るための行為》でしかなかったセックスも、次第に変わってきた。

「三十歳を超えてからは〝セックスで気持ちいい〟ってのがわかるようになりました。イクとか（笑）。たぶん十代とか二十代とかは、《セックス＝やましいこと》っていうのがあったんだけど、三十を過ぎてからはＡＶに出た経験もあるし、わりと性に対してオープンになって、《楽しんでいいこと》って感覚になったからだと思う。彼氏とかはできないけど、〝セックスして気持ちよければいいか〟って感覚になってきています」

長い年月がかかったが、今の彼女は、初めて自分を肯定できる段階――《ヤリマンとして存

在していい》という状況になったのだ。

「今までは好きなプロレスを観に行った後にみんなと飲みに行ったりして、その辺の人とヤッちゃったり、ライブハウスに行くとヤッたことある人ばっかりだったり。その辺は地元のお祭りのサークルみたいな感じはありますよね。私から誘ってはいないけど、〝一緒に帰ろうよ〟って言われたらヤッて、翌朝起きたら〝なんだっけ?〟って感じ。そういう相手はだいたい彼女とか奥さんもいるし、付き合うことにはならない」

現在も小さな世界においてその構成員全てとセックスで繋がってしまう状況はあまり変わらないものの、そこにかつてのような虚しさはないという。

「結婚したいという気持ちは、今はそんなにないですね。同棲してた時は凄いしたかったんですけど、彼と別れてからは結婚願望がなくなって、今は〝彼氏欲しいな〟とかは思いますけどね。付き合いたい。あと、セックス以外の遊びもしてみたいですね」

童貞が聞いたら気絶しそうな発言である。

「普通は《昼に集合して映画観てご飯食べて帰る》とか、そういうデートもあるんですよね？　私の場合は集合時間が夜の二十時とかで、飲みに行ったら《ホテル＝セックス》ということになっちゃう。男の人から食事に誘われたらセックスがあるものだと思って行くし、〝セックスはちょっと……〟っていうくらいなら飲みに行かないです」

飲みに行く＝セックス？

「普通に会話できる人はいいんですけど、だんだん会話がなくなって話すことに困ったら、〝ホテル行った方がいいかな〟って思うんですよ。体で会話です（笑）」

会話が続かない＝セックス？

ここまでいくともはや謎の領域だ。筆者など、楽しい会話こそがセックスに繋がると信じて疑わなかった一人であるが、彼女に限っては、それこそ真逆だったのである。

「話が弾まなくて〝あもちゃんと飲みに行って失敗したな〟って思われたくないから、一個く

らいいもの持って帰ってほしいなって」

どこまでも他人の評価を気にしつつ、自分のことしか考えていないというのが、彼女の性格の特徴だろう。

「この前はライブの途中に抜け出して、味噌ラーメンを奢ってもらったから、〝なんか悪いな〟と思ってしちゃいました（笑）」

他人からすれば「安すぎる！」と思うだろうが、彼女のセックスの価値は彼女だけが知っていること。彼女はずっとそれを自ら決め続けて、現在に至るのだ。

こうしてセックスを楽しめるようになった彼女だが、相変わらずセックスの後の自己嫌悪は残っているという。

「一応楽しく考えるようにはしてます。いちいち傷付いていたらキリがないし……。でもホントのこと言ったら、いまだにセックスして〝ヤラなきゃよかった〟とか〝付き合うことにならなくて無駄撃ちだった〟とか、勝手に中出しされて〝うわぁ〟とか、〝セックスでなんでこんな

気持ちになるんだろうなぁ〟って傷付いたりしてますけど、最近だと〝楽しいセックス話のネタができたかな〟くらいで考えるようにしてます」

経験人数およそ千人。そんな痛々しい性体験を自虐ネタにして、ヤリマンアイドルはトークライブやネット配信等で多くのファンの心を掴んでいる。

「ライブでお客さんの前で話しているのは楽しいですね。一般的には《ひどいヤリマン》で、《どうしようもない女の子》なのに、会場には〝それでいい〟って言ってくれる人がいる。〝ヤリマンがOK〟なんだったら〝育ちが悪いこともOKなのかな〟って思うし。あと私、女の子のファンが意外に多いんですよ。ヤリマンとかメンヘラとか、普通嫌われそうじゃないですか？　〝死にたい〟とかSNSに書いててもメッセージくれたりコメント来たりするし、共感してくれてる気がします。世の中にも、セックスして傷付いたりしてる人が多いのかもしれないですね」

SMクラブも、スカトロビデオも、ヤリマンアイドルも、彼女にとっては同じ居心地のよさなのだろう。他人が嫌がる、眉をひそめる状況に好んで入っていく。その中でしか生きた心地

がしない。白玉あも嬢の自己破壊的ともいえる人生は外側から見ればおぞましい。しかし、彼女にとってその川は、汚れてなどいないのだ。

彼女のようなメンヘラ型のヤリマン女性は、どこまでも自らの感覚だけにこだわり、常識を嫌悪するタイプが多い。ナルシシズムの極致にある彼女たちは自らがどう感じるのか、そして自らが他人からどう見えているのか——が最も重要で唯一のものなのだ。

今日も白玉あもは、自らのおぞましい体験を嬉々として語っているだろう。しかしそれは彼女にとっては自らを美しく飾るための欠かせない《宝石》なのである。

第三章

遥香

「一晩過ごすなら、最低四回はしてほしいです」

近年のヤリマン女性は恋愛とセックスを別々にとらえているという、いわば男性型のタイプが多いが、必ずしも全員がそうではない。今年三十五歳になる遥香嬢は、現在、二人の子供を育てている関西在住の既婚者という、一読してヤリマンとは全く反対といっていいそのスペックではあるが、彼女は自他共に認めるヤリマン女性なのである。そして彼女は、恋愛とセックスが一致してはいるが、環境がその一途さを許さなかったために、結婚の後にヤリマン女性へとなっていったのである。

彼女の性の目覚めは早く、幼稚園児の頃にさかのぼる。

「オナニーは幼稚園の時からしていますね。その時テレビでやっていた『美少女仮面ポワトリン』が好きで、そのパジャマを着て寝る時に興奮していて、（股間を）触ったら気持ちよかったんです。夜に寝なさいと言われて、ひとりになった時に触っていたらお母さんに〝何してんの！〟って怒られた記憶はあります。ちなみに今もオナニーは毎日してます（笑）。学校に行く子供もいるので基本は朝起きるのが六時半くらいなんですが、起きて一番にしますね。朝起きられない時は子供を送り出した後にしますよ」

さらに彼女は、小学生の頃から、様々な環境で性の勉強を進めることができたという。

「おばあちゃんの家が商売をしてたので、私もそれを手伝いに行くことが多かったんですが、そこに同居してた叔父さんの部屋へ行って漫画を読んでいたんです。それである時、〝18禁〟とシールが貼ってある漫画やＡＶを見つけて、それからはそれを観に行くのがおばあちゃんの家に行く楽しみのひとつになりました。だから最初にＡＶを観たのも早くて、小学校三年くらいでしたね」

そんな妄想がちな少女期を送った彼女が初めてセックスをしたのは、居酒屋でアルバイトを始めていたという十七歳の頃。

「美術系の高校に通っていたんですが、当時有名だったイラストレーターの掲示板に書き込んでいたら、その本人から〝アドバイスできることがあれば教えてあげたい〟と、ＳＮＳ経由でダイレクトメッセージが来たんです」

動物園デートを経て、彼氏の家でウディ・アレンの映画を観ながら初セックス。

「途中までしか観ていないから映画の内容は覚えてませんが（笑）、気持ちよかったかもわからなかったですね……〝こんな感じなん？〟って思ったくらいで。あと覚えているのは、彼氏の部屋に『エスパー魔美』のフィギュアがあって、魔美に見られながらセックスしてたことくらいかな」

初体験の相手が年長者で、憧れていた人物という、どんな女性もが思い描くような理想的な処女喪失体験だったが、そんな理想的な交際は、半年で突然終了したという。

彼氏から告げられた別れの理由は、「自分より十歳以上年下の子が走り回っていて怒れる？」というなんとも摩訶不思議なものだった。

「泣きましたよ！　でも、共通の友達から〝あの人、遥香ちゃんと別れた一カ月後にまた十七歳の子と付き合ってたよ〟って言われたから〝あ、そういう人なんだ〟って思ってふっきれましたね」

初っぱなからとんでもないロリコン作家に当たってしまった彼女であったが、健全な十代の少女だけに、もちろんその反動はすぐに他の男性へと向かった。

「その当時は居酒屋のバイトをしていたので、振られたことを払拭するために、声をかけられた客のお兄さんとすぐにヤリにいきましたね。その時に初めてフェラを覚えました。前の人にもしてたかもしれないんですけれど、ほぼ初めてレベルなのに〝凄く気持ちいい！　最高!!〟って言われたんですよね。嫌いじゃなかったので、それからはいろんなやり方を研究しました。オナニーもセックスも探究心は強い方だと思います。〝この間はこうだったから次はこういうふうにしよう〟って目標を立てたりするタイプなんです」

　ここまではごく普通の少女の反応といえるだろう。しかし彼女の場合、ここからが通常とは違った。

「二人目の人とも何回かヤリましたけれど、なんだかんだいっても前の人が忘れられなかったし、その人はチンチンも小さかったし、〝おもしろくないな〟って思ったんです。そのあたりの一部始終を知っていたのが、バイト先の人たちで、よく一緒に飲みに行ってたんですよ。それで相談をしているうちに、店長からいきなりプロポーズされたんです。〝しょうもない男と付き合うくらいなら俺が嫁にもらってやるから〟って言われて。それが今の主人です」

遥香嬢は大失恋の反動からヤリマンになる前に、お嫁さんになったのであった。

「今思えば、十七歳から十九歳までが目まぐるしかったですね。三人くらいとお付き合いして、結婚を申し込まれた時には〝気を使わなくていい人だ〟って思って、付き合って半年後に子供ができたので、その時はまだ大学生でしたけど、結婚しました。卒業後、〝お互い好きな人もいなかったら結婚してもいいかな〟って思ってはいたんですけれど、本当に結婚するとは思いませんでした。〝十八歳の子にプロポーズするってどんな神経なん？〟って思ってましたしね」

だがいくら結婚が早くとも、人生がどうなるかは十代で決まるものではない。そうして遥香嬢の《ヤリマン人生》は、結婚の後に始まったのである。

そしてそれは、夫とのセックスは、二人の子育てをする現在も続いているという。

「月一回くらいのペースなので、（セックス）レスではないというくらいですね。今では旦那とのセックスは業務的な感じですね。だいたい向こうが酔って帰ってきた時にヤルんです。でも、旦那はもともと性欲が弱いタイプで、たぶん〝こんな簡単に子供ができるんだ〟って旦那

はビビったみたいで、一人目の子供を産んだ直後からセックスレスになりましたね。私は子供が生まれた後もセックスが好きだから、ガンガンいこうとしたら全部拒否されて〝二人目がほしい〟って言っても二年ぐらい放っておかれました。それで私が冷めてしまいましたね。向こうもオナニーはできるってところは見てほしいみたいで、私がシャワー浴びているところに急に入ってきて、足元にワ～ッと射精して〝それじゃ、仕事行ってくるわ〟って言われたり。〝えっ、なんやったん？〟ってなりましたよ……」

夫側もかなりマニアックな性癖のようだが、このような経緯で、最初の浮気の機会はほどなくしてやってきた。

「その当時入院した私の母親の見舞いにも来ないし、いろんなところで旦那に冷めてしまったんです。そんないろいろなモヤモヤがあった時に子供を預けて飲みに行ける機会ができて、その場にいた人が優しかったので、すぐついていきましたね。最初は起きてから〝なんでこの人と？〟となりましたけど、旦那に冷めて以降は、酔った勢いで誘われたらついていくようになりましたね」

そんな彼女の変化を、夫の方は気付いていないのだろうか？

「感付いてないですね。というか、それくらい私の私生活に興味がないですね。ネットにも疎いタイプですし、私のＳＮＳとかも見たりしていないと思います」

《結婚後のヤリマン》は、こうして生まれたのだった。

「世間一般からみたら当然ヤリマンでしょうね。でも浮気相手は誰でもいいわけじゃなくて、なんとなくの直感でヤラない時もあります。なんともいえないですが、二十代の頃は十人声かけられたら、七人はついていく感じでしたよ。今は二人くらいがいいところですね。年齢も上がってきて、いろんな人に手を出すのがしんどいというか。男の人って一度ヤッたらまたヤレると思うのが面倒臭いんですよ。たとえばヤッた相手でも、約束もしてないのに偶然会って〝今日いく？〟って言われても断ります。その時は私の条件をクリアしていただけで、次の日は次の日ですよ」

――セックスだけがよくて関係が続く人っているんですか？

「セックスだけでは続かないですね。セフレという関係の人もいましたけれど、あんまりおもしろくはないので。付き合った人とデートしてセックスするのが私は一番楽しいです。でも〝ヤリたいな〟って時に手頃な人にいくこともあるんで、その辺はまあブレてますよね」

彼女の場合、《とにかくいつでも誰とでも》というタイプではなく、特定のパートナーがいる時にはそこに集中するという、ごく一般的な恋愛の倫理観を持ったタイプのヤリマン女性なのである。

「お付き合いしていない時にはいろんな人とセックスしますが、別に相手を探してるわけでもないんですよね。空いている時はノリでして、その中でいい人がいてお付き合いできたらそれでいいかなと。別に数をこなしたいわけでもないので。とりあえず、好きな人ができたら他の人は断るって感じですかね」

男性でもこのような貞操観念のタイプは多いと思うのだが、人により経験人数に差が出るのは個人差なのかもしれない。

「今まで全部で経験人数は七十人くらいです。その中で付き合ったのは五人くらい。付き合った人はセックスがよかったというのもありますが、趣味が合う人ですね。二人とは三年くらい付き合って、今も一人は継続中です」

また、あまり奔放な関係を望まないというのも既婚者ならではだろう。

「既婚者とのセックスは嫌です！　やっぱり、人のもんは嫌ですよ！（笑）　わがままかもしれませんけど、向こうに奥さんや彼女がいる人には、基本的に手を出さないです。相手がどんなに器用かわかりませんけれど、バレて私に被害が及ぶのが嫌というのもありますしね。だから、向こうに彼女ができたら〝はい、終わりにしよう〟って感じです。結婚後、二番目に付き合った人は彼女がいることも黙っていたし、結婚したことも教えてこなかったのにバレても〝今まで通り会おう〟って言ってきたので〝絶対無理！〟って別れました」

その結果、一人のパートナーと別れる度に、ヤリマン期が訪れることになる。とにかくセックスに対する好奇心が強いということも、彼女の浮気が収まらない理由なのだろう。

「私は中も外も、どっちでもイキますけど、何回もイクとかはないですね。私の感覚だとイクっていうのは頭の中が真っ白になる感覚です。あと、潮を吹くのは二十歳くらいの時にオナニーをしながら自分で開発しました。イッて吹いてる時もありますし、ただ吹く時もありますね。でも潮を吹いた方が見た目でわかりやすいので、男の人は喜ぶ人が多いですよね。だからなるべく潮を吹けるようにしたいなと思って、紅音ほたる（潮吹きで有名なＡＶ女優）のＡＶを見ながら研究した結果、水はなるべく飲むようにしようとなりました」

　自分の欲望に対して論理的に語る彼女ではあるが、彼女の性欲、セックスへの探求心は、主婦としての理性を超え続けている。本人も自覚しているのだが、性への探求心が人一倍強いのである。

「今でもオナニーは毎朝してますが、それは自分のコンディションを調べるためというか。鏡で女性器を見ながらバイブレーターがどんな感じで入っていくかとか、膣の中が肥大する感じとかをチェックしますね。私の場合は性欲が強いというか、《研究》に近いところがあります。体位はバックが好きですね。チンチンの形によって〝この角度がベストだな〟っていうものがあるんですが、バックで挿れられた時は、自分でいい位置に調整が利くんですよ。チンチンは

大きいに越したことはないですが、カリの出具合、引っかかりの方を重視してますね」

その《研究》の最たるものが、自ら編み出した《チンコ占い》なる秘技。男の指を見れば、その男性器のだいたいの見当が付くのだという。

「私はそもそも手が好きというか、《手フェチ》なんですが、高校生の時に人間の骨格の勉強をしたんです。その時に〝手とチンチンが似てるな〟って思って、それ以降、電車なんかで手を見てなんとなく想像したりしてたんです」

通学電車の中で男たちの手を見て、それぞれの男性器を想像する女子高生――若者の好奇心はどこに向くかわからないものである。

「まず利き手を見て、太さ長さは中指の感じを見てわかるんですよね。《人差し指と薬指の長さの差が大きければカリがデカい》とか、爪の形が長方形か丸いかで女性ホルモンの出具合がわかるのと、こっちの指を握ってもらった感じで血管が出てるかどうか、とかですね。ポイントは指の太さと長さ、爪です。今まで千人くらいは触らせてもらいましたが、七割くらいは当

たりますね。今、私はスナックで働いてるんですが、そこのママには《チンコ占い》って言われてます（笑）」

蛇足ながら、筆者の男性器像も占ってもらったところ、ほぼ正解を言い当てられた。他の被験者の話とも併せて考えると、この奇抜すぎる占いの信憑性は確かに思える。

「今は特定の相手とセックスしてる方が楽ですね。好きなタイプは身長が一七八センチ以上ある人です。私は一五二センチなので、自分にないものを求めているのかもしれないですね。顔は薄い方が好きで、一重か奥二重の目の人が好きです。あと一晩過ごすなら、最低四回はしてほしいです。過去に付き合った人たちは全員できる人で、性欲が強い人が多かったですね。でもそれは指を見てもわからないんですよ。だからもっと研ぎ澄まさないとダメですよね。まだまだ、これからです」

二児の母という人生を送りながらも、女性としての人生を決して捨てないそのエネルギーが、男たちを惹きつけてやまないのだろう。彼女はこの取材後も、多くのパートナーと巡り会い、恋愛とセックスを楽しんでいる。そのメンタリティーも若いといおうか、ヤリマン女性ら

しからぬといおうか、恋愛の悩みを筆者に相談してくるほどの少女っぽさも持ち合わせているのである。

「自分は元々、別の人とヤッてそっちの方がいいとなると前の人とはできなくなるような《上書き》のタイプかと思ってたんですよね。でも、今付き合ってるのは以前に少しだけ付き合って別れた人で……前は数回くらいしかセックスもしなかったんですが、こちらが結婚してるのも子供がいるのも知っていたので、〝こういうことはよくない〟と言われて一度は別れたんですよね。でも性格が凄く好きで、ウチの旦那は子育てに積極的な人ではないんですが、その人は私のことも子供のことも凄く大事にしてくれていたんです。ウチの子が倒れた時に病院にも連れていってくれたり……」

多くの既婚者が知っているように、結婚前と後とで、同じ人間性を保ち続けるのは困難なことである。遥香嬢のように、常に恋愛をしていたいという妻の要求に応え続けられる夫は、決して多くはないだろう。ましてや、育児を経ても夫婦の関係性が変わらないというのは、より困難なことに思われる。そうであるならば、彼女のように、恋愛のパートナーを婚外に見出していくことが、夫婦関係維持においてひとつの解決策となるのは明白であり、あとは夫側と育

児を含む生活環境がそれを許すかどうかである。

ちなみに遥香嬢は夫の浮気に関しても「早くに結婚しましたし、旦那も当時二十代前半だったから、それからの人生、私以外とセックスしないなんて考え方は気持ち悪いというか、いろんな経験をした方がいいと思うんです」というスタンスである。

近年、世間一般的に「不倫」といえば、著名人のコンプラ違反案件として毎日のようにSNS上を賑わしているが、彼女のような境遇の場合、決して悪事としてだけは語れないだろう。誰かの妻であっても母であっても、理想の性生活を手に入れる権利は、あって当然である。

第四章

ベティー

「正直、お金貰えてセックスできるって最高じゃないですか？」

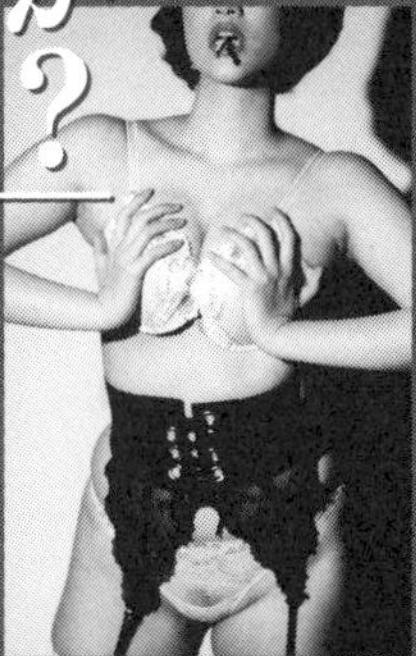

《大阪のパンコバカ一代》ことベティー嬢に会ったのはもう十年近く前だが、その印象は鮮烈であった。この本ではチアキ嬢や、有奈めぐみ嬢（第十章を参照）のことを名うての海賊の如く書いているが、彼女たちに出会った時は三十代後半、四十代と、既にその人生を形作り終えた年齢であった。しかし友人づてで筆者の主催イベント『ヤリマン甲子園』（会場は大阪『ロフトプラスワンウエスト』）に参加してくれた当時、ベティー嬢の年齢は二十六歳。まだバリバリの二十代であったが、なんと彼女は《経験人数一万五千人のヤリマン》として現われたのである。そして大阪という風土を象徴するように明け透けで、かつ気安い発言は、大阪のローカルヒーロー（筆者的にヤリマン女性はどうにもヒロイン感はないのであえて）としての輝きに満ちていた。そのイベント『ヤリマン甲子園』が現在に至るまで盛況をみせているのは、そのネーミングの突き抜け具合と、ベティー嬢を発掘できたことが大きな要因であったのは間違いないだろう。

「あっ、大阪で〝ヤリマン〟のこと、〝パンコ〟っていうんですよ。私も我慢ができないパンコちゃんなんで、現在進行形で昨日は五人とキメたし。ちょっと前にソープに復帰したばかりだけど、予約も完売だったんです」

私生活では自分がヤリたい男を落としにいく肉食系の彼女。この取材をしたのは、ベティー嬢が非本番系の風俗店から、神戸・福原のソープランドに転職した直後であった。

「お客さんは一日最大五人。少なくても二～三人なんで、月平均七十人くらいですね。その計算でいうと一年間で千人くらいで、あと三年は引退する気ないんで三千人はクリアしていく感じです。そうなるとほぼ二万人に近づきますね（笑）」

現在はこの取材から七年ほどが経過しており、今もソープランドで活躍中というベティー嬢に確認してみれば、「もう三万人を超えている」という。三万人という膨大な性体験を誇る彼女はまた、当時二十代とは思えないような落ち着きをみせる女性であった。

これはヤリマン研究の道を進んでいてふと気付いたのだが、どうしてもこの道を行くと、強そうな女性に遭遇する機会が多い。「あっちの方が～」とかそういう話ではなく、単純に《生命体として強そう》なのである。それは彼女たちが裸で築いてきたキャリアが規格外であることの証明ともいえるだろうが、ベティー嬢もまた、恐ろしく強そうな女性である。とても二十代女性のそれとは思えない貫禄、眼光の鋭さ、尻の豊満さ、肩幅の広さ。

そんな大阪の生ける伝説はどうやってできあがったのだろうか。

ベティー嬢は大阪に生まれ、幼くして離婚した両親の関係で、物心つく頃からは母親に育てられた。

「ウチの母親はセックス嫌い。私の今の仕事も知ってますけど、娘に〝ママ、イッたことないんだけど、どうやったらイケるの？〟って質問してくるようなパンチの効いた天然のお母さんです（笑）。飲み屋街のママをずっとやっていて今は引退したんですけど、昔母親のお客さんの中に、店に来たらずっとシャンパンしか飲まないようなお金持ちがいたので、〝あのお客さんを引っ張っていい？〟って訊いたんです」

ここでいう「引っ張り」とは水商売の陰語で、金の融通を含む《直接取引》を指す言葉だ。

「そうしたら〝別にいいけど〟と言われたんで〝じゃあ、引っ張ってくるわ〟って言った二日後に母親の店を手伝いに行った時に、〝〇〇さんにいってもいいけど、親子丼になるからやめてな〟って体の関係はやめてみたいなこと言われたことありますね。〝オマエ客にいっとるんかい！〟と（笑）」

性行為への好き嫌いはあれど、娘同様の体当たり営業をしていた母。ベティー嬢は母娘二人の幼少期に、母親のセックスを見た記憶があるという。

「その当時付き合ってた彼氏とのセックスですね。私が小学四年生で、東大阪の方に住んでいた時で、いつもやったら帰ってきたらママの部屋に行って〝帰ってきたよ！〟って挨拶しないといけない。でも、〝扉が閉まってる時は部屋の中で用事をしてるから開けないで〟って言われてたの忘れてて。しかもその時は鍵をし忘れたんでしょうね、それでバンッと開けたらママがM字開脚でめっちゃバイブ突っ込まれてて〝ギャッ!!〟と思って閉めたんです。子供ながらに見てはいけないものを見てしまった、と思って自分の部屋に入って」

初めて知るセックスにしては、応用編もいいところな風景である。

「エッチなことをしている感覚はあったけれど、それがなんなのかはわからなくて。ただ、〝いけないものを見た〟って子供ながらの罪悪感にかられて、部屋の中でずっとボーッとしてたら、コンコンって母親が来て。凄い気まずそうに〝前の中華屋さんに行かへん？〟って言われました。男はもう帰ってて、エレベーター乗って母親に〝ママ、あの時何してたん？〟って

訊いてみたんですよ。そうしたら母親が〝チキチキしててん〟って言うて。今から考えたら子供騙しすぎるやろって思いますけどね（笑）」

そんなお母さんだが、大人になって訊いたところ、セックス嫌いであったというのだ。

「なんでその行為が嫌いになったのかというと、最初に処女を捨てた時、〝周りにハメられて好きでもない男の子と二人っきりにされて、半レイプ状態でしてるから〟と。トラウマ的に嫌いみたいですね。気持ちいいと思うことがないから、彼女にとっては《業務》みたいです。逆におばあちゃんはバリバリのセックス好きで、ＳＭが大好きで、基本的に拷問系のプレイが好きみたいです（笑）」

いきなり話は飛ぶが、ベティー嬢の家系は、祖母の代から三代にわたっての女系家族である。

「おばあちゃんは今もバリバリ健在ですよ。宮崎で生まれてスナックをやってたんですね。宮崎県民ですけど、大阪のおばはん並みに派手やからね。なんでも最先端にいく人で、その当時、ちょうど豊胸手術が出始めで流行ってて、福岡でできると聞いて、お金抱えて行って戻っ

てきたら爆乳になってたっていう（笑）。その後おばあちゃんに直接訊いたら、〝三人目の子供を産む前にシリコンを取った〟って言ってましたね。今、六十七歳くらいなんで、その時は三十歳くらいじゃないですかね」

そんな新しい物好きなおばあちゃんは、性的には女王様だったという。

「ややこしいんですけど、ウチは母親が宮崎出身で、私は大阪出身なんです。それで、宮崎に帰った時は、母親は必ず、おばあちゃんのスナックに手伝いに行く。その時は、子供ながらにお留守番してたんですが、夜中トイレに行きたくなって起きて、襖を開けたら首にチェーンかけたおっさんが四つん這いになってる。《おばあちゃんがピンヒール履いて男を踏んでいて、オマンコから出血してる》って画だったんです。起きた時に訊いたらアッケラカンと〝お客さんや〟って言ってて。私も家系的にはサラブレッドなんでしょうね」

ベティー嬢の家は、基本的に女性だけが存在している水商売の家系だ。父親（的な存在）は、いる時にはいるが、常にいるわけではない。

「お父さんみたいな人はいたりいなかったり。おばあちゃん自体は〝世の中で怖いもんない！〟っていう、気質が昔ながらのヤクザもんみたいな人で、スナックにホンモノのヤクザが乗り込んできたら本当に瓶持って勝負にいく人だから、精神的にもＳやし、性癖もＳやし。ただ、ビックリするくらい男にボケる（笑）。母親の実のお父さんはバリバリのヤクザ。その後、離婚、結婚を繰り返して、二番目はヤクザが嫌やから、普通のボンボン。で、サラリーマンの家庭に入ったら〝つまらん！〟言い出して、三人目は〝締めに漁師にいったらＤＶでした〟みたいな」

ここまでくると、《伝説のパンコ》ことベティーさんができあがるのに、その家庭環境が大いに関係あったとしか思えない。

「絶対あると思います。よく〝苦労したんだね〟って言われても、当の本人は普通にその中で育ってきてるだけで特に苦労したつもりもない。でも家なくなって、ホームレス中学生みたいなことになった時はさすがに……」

第一章のチアキ嬢と同じく、ベティー嬢は祖母、母、そして子へと続く《三代でヤリマン》

なのだろう。

「母親も町を歩いていると男の人が見るんですよ。色気があるんでしょうね。女優の小雪さんみたいな。元々モデルやってたので、すっと歩く感じ。おばあちゃんはどちらかというとチャキチャキした感じの、昔の歌手で言うと杏里みたいな。むっちゃ似てるんですよ（笑）。今はシワシワになってるんですけど（笑）。昔、おばあちゃんに〝お金稼ぐために風俗してる〟って打ち明けたことがあるんです。自分の孫がそんなこと言ったら、普通は止めるじゃないですか。でも〝そっか、若いうちに売れるもん売って金貯めろよ〟って言われました。おばあちゃんとお母さんと私の三人で比べた時に、仕事のスタンスという点で全く違うのが母親だけなんです。お客さんに情も湧くし、自分がボケた時だけ、お客さんでも彼氏になるんです。でもおばあちゃんと私は《あくまでも金》っていうのでいく。母親は一銭も金を引っ張れないし、むしろ《貢ぐちゃん》ですね。私とおばあちゃんの〝お金！〟となった時のガメツさは本当にひどいです（笑）」

　そんな名門の血筋に生まれ育ったベティー嬢。皆さんの予想通りに、のっけから凄い人生を歩むことになる。

「私が最初にセクキャバで働いたのは十四歳ですね（笑）。ある日学校から帰ってくると、家のカギが開かない。慌てて母親に電話すると〝もう、夜逃げしたから。あとはなんとかして〟。それで道路の反対側を見たら、私の荷物が積んであったんですよね」

細い道路の向かいに積まれた少女の衣服一式。実の母から突然告げられた家族解散宣言から、《ベティーの人生》が始まった。

「そのセクキャバには〝年ごまかしておっぱい舐めさせたらいけるよ〟って友達から聞いたので行きました。その前から《出会い系サイトでパンツ生脱ぎ三万円》とかブルセラみたいなことはしてたんで、抵抗なかったです。セクキャバのあとは、系列の未成年だらけのホテル型ヘルスに移って、それが十五歳の時」

もちろん違法中の違法だった未成年だらけのその店では、三人の同僚とのタコ部屋暮らし。既に処女は喪失していたために、なんの躊躇いもなく風俗嬢になったという。

「十四歳で一番最初にセックスしたのは片思いしてた先輩。自分から〝処女を貰ってくださ

い〟って言ってヤリました。相手に彼女がいて、その後も〝別れるから〟と引っ張られ続けて三年片思い続けて、でも好きな人で処女を捨てたいから自分から言いました。血は出なかったけどビックリするくらい痛かった。〝こんなものの何がよくなるんやろ?〟って思ったから、実はそこからプライベートでは十六歳までセックスしてないんですね」

だがもちろん非本番を謳うその店では、〝業務上〟本番に次ぐ本番を重ねたという。

「最初は抵抗がありました。でも〝嫌やな〟って思ってたのに、上手い人に当たると、体は正直だから〝気持ちいいな〟って思って。その流れからいい方にいい方に身を任せていったら、欲にズブズブになるっていうね。客のおじさんたちもお金チラつかせてくるし、そらヤリまくりましたよ。やっぱり、生きるために風俗で働いてましたからね」

その当時は、未成年風俗嬢として軽く月収三十万円超を稼いでいたというベティー嬢。だが、やはり未成年が急な現金を持ってもろくなことはなかった。

「中学時代、出会い系援交もやってたのでとにかくお金持ってて。十四歳〜十五歳で月五十万

円くらい稼いでたんで、使い方に困って余るわけです。それで貯金しようにもできないので、ホストで遊び始めて、結局、借金を作ってしまったんです。私の母親のお父さんがヤクザってさっき話しましたけど、その事務所に私の借金の話が入って、私が飲んでる現場に、おじいちゃんの組の人が回収しに来たんです」

あっさり切れたかにみえた母娘の絆は、意外なところで繋がっていた。

「その組が私の債権を買い取って、事務所連れていかれて、肩代わりしてもらった借金の拇印を押したのが十五歳の時です。まさか母親にヤクザへ売られるとは（笑）。そこから毎月一回、ヤクザが取り立てに来るんです。部屋の下からでっかい声で〝おい、コラァ！〟みたいな。それで二階の窓から一万円を投げてました。ピラピラ舞う一万円札の下から〝しっかり取ったからな！　残り××万円や！〟って声がして、そこに部屋の中から〝わかったわい、帰れー!!〟って私が返す（笑）」

二階から取り立てのヤクザに万券を投げる女子中学生。とても平成生まれの女性のエピソードとは思えない、劇画のような光景である。

「十五歳にしては肝が据わってましたね（笑）。ヤクザ屋さんにバチバチにいかれようが、事務所に連れていかれようが、その頃は怖くなかったんですよ。〝自分で悪いことしてんねんもん。埋められて死んでもしゃあない〟って感じで。あの頃はホントにハングリーでしたね……小学生から十代までの私の人生は〝一冊本書けるんじゃね？〟っていうくらいバリバリのブラック。親も頭おかしいし生活環境もおかしいし、そんな中で〝ちゃんとせなあかん〟って思って、十七歳で一人暮らしを始めてタコ部屋から脱出、二十歳でソープランドで働き始めました」

生活の破綻から更生までが早すぎるというか、ともあれ、成人してからやっと表風俗で働き出したベティー嬢。その一方で、そこに至るまでの、プライベートの男性関係も凄まじい状態だった。十四歳で処女を捨てたあとに付き合ったのはかなり年長の男性だったという。

「年上といっても二十六歳くらいですけど、その頃からするとかなりおじさんですよね。お金の無いＤＪで、私もクラブとかに行くようになって、まだ若かったんで、〝カッコイイ！〟って（笑）。セックスはやっぱ痛くて、でもイケるようになってからは遊び始めて。その人とは一年もたなかったんじゃないですかね」

その後、十七歳にして、ベティー嬢は養う側になる。

「十七歳からは、ヒモを抱える三年間でした。周りからは〝風俗嬢になったら一回はヒモを抱えるよ〟なんて言われてたんですが、十七歳で風俗で働きだして、捕まえた男が部屋に転がり込んできて三年間でキッチキチのヒモになって（笑）。十二歳上の人ですよ。その人にはよく〝携帯止まるからお金ちょうだい〟って言われて、電話したいからお金渡しちゃう。〝パチンコ打っててお金無くなっちゃったからちょっと持ってきて〟って言われると、会いたいからお金持ってっちゃう。酷い時は、セックス中に〝五万円ちょうだい〟って言われたこともあります」

ある意味わかりやすいヒモとの関係であったが、途中からは目的が変わってきたという。

「家に行ったらお金もたくさんあったのに、自分のお金を使うのが嫌だっていう、ケチな人でしたね。でもお坊っちゃんだったんで、〝最後は結婚してコイツの家のっとったろ〟って思ってたんです。それでなんとか結納までいったのにお姉さんにイビられて破談っていう。お姉ちゃんがブラザーコンプレックスで、姉弟でお互いが依存しあってるところまでは見抜けなかったですね。家に帰るとなぜかお姉さんがいて料理ができてて、私の分はないとか。結婚す

るってわかった途端に、よいお姉さんが昼ドラの悪役みたいになって」

それからは長い関係の彼氏が何人か続いて、二十二歳からの四年間は本当に誰とも浮気しなかったというベティー嬢（ただし風俗はずっと継続）。そこには仕事だけではない、欲求の部分も多かったのだという。

「結婚しようと思ってから、他の誰ともセックスしなくなった時期があって。風俗は辞めなかったですけど、一応真面目になろうと。彼氏からは〝辞めてくれ〟って言われたけど〝それは無理〟って答えてました。性欲のはけ口って大事じゃないですか。やっぱり今も〝お金貰えてセックスできるって滅茶苦茶気持ちええやん〟って思いますよ」

ここが風俗に勤める女性の中でも分かれるところで、あくまでも《風俗のセックスは仕事》と割り切る女性もいれば、そこに個人的な快楽を感じる女性もいる。今までの取材での雑感でいうと関西の風俗嬢の方が後者である比率が高い気がするが、ベティー嬢はその代表だ。

「お金稼ぐだけなら、ヘルスとかオッパブでええやん、でもそんなんただただムラムラして終

わるやんってことなんです。だからヘルスに行ったお客さんが本番交渉する気持ちもわかりますよ（笑）」

今までの十数年の風俗キャリアは、セクキャバに始まり、ホテヘル、デリヘル、M性感、フェチクラブ、ソープランド。

「SMクラブ以外は全部してますね。あと、女郎屋さん（飛田新地などのいわゆる『ちょんの間』）は衛生面がダメでやれませんでしたね。〝ホースで体洗うとか無理やわ〟って思っちゃって、飛田は無理でした。稼げる稼げないの目安でいうと、先月私の元に入ったお金は二百七十万円ぐらいなんです。今、二百万稼げるって子は福原の中でも凄い少ない。お客さんの質も落ちてる、女の子の質も落ちてる、でも値段はそのまま。彼女たちは値段に釣り合わないから暇なだけなんです。でも、そこで目立てばちゃんと稼げます。私が風俗で働く子全員に言うのは、〝月に一本（百万円）稼げんかったら辞めろ〟ってこと。でも〝なんでお金を稼ぐの？〟って聞かれたら〝稼ぎたいから〟でしょうね。お金は裏切らないし。福沢諭吉揺らして見てみい、めっちゃ笑ってるからね（笑）」

祖母から受け継いだその商売人としてのストイックさで、風俗嬢としてもあり得ないほどの修羅場をくぐってきたというベティー嬢。

「二十二歳で大衆ソープで働いた後に、高級店に移ったのにわざわざ探して通ってくれるお客さんがいて。それで〝本気で店を通さず、直接お金を引っ張ったらどれくらい引っ張れるんやろう？〟って思って。そこから勉強を始めたんですが、段々〝もうそろそろいける〟というのがわかってくるんです。結果、そこからの半年で二千八百万円引っ張りました。最初の半年はお店に落としてもらって、残りの半年は二千八百万円を現金で引っ張りました」

風俗店の収入は、半額近くが店の取り分となる。それでも凄い額なのだが、直取引での二千八百万円はまさに破格である。

「まず、女に縁のない《モテナイ君》は必ず最後ストーカーになるか、自分から引いていくから違う。お金を確実に落としていく人って、《プライドが高くてお金持ちでモテる人》なんですよ。女の子に困ったことない人をハメきると、もうなんかね、お金がズブズブ湧き出る泉みたいに湧き出てくる。最初は〝女なんかに金使うのはみっともない〟と思っている人が、〝私

誰かのモノになるよ〟って駆け引きをすると、結局渡したくないから金を出す。その金額がたとえば最初は一回三十万円。嘘も方便で、家族の借金がどうのとか、絶対めくれないように母親にも賄賂を渡して口裏合わせてやるんです。だからわざとお客さんにも自宅を教えるし、わざとオフの格好、パジャマとかでお金を取りに行く」

幼い頃から相手の心理状態を肌で感じてきた彼女ならではの細かい設定は、さながら一流の工作員のようだ。

「その人にしか見せない格好を見せて、次の段階で二百二十万円。通帳も使わないし小切手も使わず、〝あなたに会いたいから直接貰う方がいい〟って言う。あと絶対に〝貸して〟とは言わず〝ちょうだい〟って言う。プライドが高い人は〝返せ〟って言えないんです。たった二〜三分で二百万貰って〝はい、さいなら〜〟。向こうは助けた感じがあるから〝ほな、行くわ〟って。ただ、自分から欲しがるものは、庶民的なものしか要求しない。クリスマスプレゼントで〝電気毛布買って〟とか。絶対に数千円のものをねだって〝この子は金銭感覚はズレてない〟って思わせるんです。それで〝もうそろそろこの人気付いてくるな〟ってところで普通に別れます。プライドが高い人って、切れる時はあっさりなんですよ。しがみつく自分がカッコ悪いや

ん。女の子の方が下手打ったり、離れていったって思えると〝俺から切った〟ってことにできるんです」

しかし、一度これが限界とわかってからは、あまりそこにかける情熱もなくなってしまったという。

「直取引といっても、私は色恋してるわけじゃないですから。でも、お客さんたちも言い訳をしたいんですよ。女の子と寝る時に何も金銭がなければ、あとで文句言われてもしゃあないやないですか。妊娠しただとか病気貰っただとか。それを〝金払ってんのやから〟って言い訳をするための額がそれぞれ違うだけ。人をわからずにお金を引っ張るのは一番いけないこと。たとえばコツコツお金を貯めてるようなサラリーマンタイプにそれをやると〝騙した！〟ってなるじゃないですか。お金を持ってる人にやるから〝騙した〟にはならないんですよ。でも結局、店での成績を上げることに集中すると、直取引をやめるんですよ。自分がいかに鬼か知ってるんで、〝ちょっとやめよう〟って思って。ただ、いい獲物が出てくるとまた〝これイケるヤツや！〟って嗅覚的にクンクンし始めるからね（笑）」

現在はソープランド勤務に落ち着いて、押しも押されもせぬ人気風俗嬢になったベティー嬢。もちろん本番風俗の王道であるソープランドだが、なぜか近年は、変態の客に好かれてしまうという。

「ある日、時間ギリギリになってもイカないお客さんがいたんで、〝なんか好きなことありますか？〟って訊いたら、凄い申し訳なさそうな声で〝動物の名前を言ってほしい……〟って言われて。で、〝トラ〟って言ったら〝おぉ……〟。〝ゾウ〟って言ったら〝おぉ！〟ってどんどん勃起してくるの。それで〝ワニ〟って言ったら〝爬虫類は違う！〟って怒られて（笑）。結局その人がイッたのは〝プレーリードッグ〟でしたね（笑）」

この手の珍客武勇伝には事欠かないのであるが、それもキリがないのでここからは、ベティー嬢のセックス観について訊いてゆく。

まずは、そんな数多の経験の中で知った、セックスの上手い男性像とは？

「セックスが上手いのは、その最中にちゃんと女性と目の合う人ですね。こっちを見てるっていうか。そういう人は、上手い下手は別にして確実に育つ。たいていの男の人は、絶対に前の

女の癖がついとるわけですよ。それをあたかも〝俺様のテクニック上手いだろ〟って持ってくるよりは、ちゃんと顔を見て〝この子はここがいいんだな〟って判断してる人は育つよね」

「育つ」という言い方がまた彼女の教育気質が滲み出た表現である。彼女レベルまでいけば上手くないなら育てればいい。鳴かぬなら、〝鳴かせてみよう〟なのである。続いては、男性器の良し悪し、好みについても訊いてみた。

「私が好きなのはＭサイズ。カリがパーンと張ってなくていいからコンドームのＭがピッタシってくらいのサイズがいい。個人的にはラージも無理、Ｓサイズも無理。もちろんお客さんなら対応できますけどね。あと、微妙に短いのもイヤ！　硬さは気持ち柔らかめのディルドっぽいのがいいかな。騎乗位、正常位、バックをこなして何時間も痛くないのがいいですね」

　彼女もまた、チアキ嬢の項で出たように、同じ相手とは二度しないという。

「二回目があるのは、一割ないな……。私の中のルールでリピートをしないわけじゃなくて、二回しない大半の理由は抜きたいだけの男が多いから。抜きたいだけじゃなくて、それがス

ポーツ感覚なのか、好意を持ってきてくれたとか、何かしらの理由があって抜くんやったらいいけど、何より先に出したいだけでくると、少なからずプロなんで肌の感覚でわかる。あとはベタなパターンでくる人も嫌かな。チューしておっぱい舐めてオマンコ触って、オマンコ舐めて、フェラチオして挿れる。〝飽きる〜！〟って心の声が（笑）」

ソープ嬢なのに、次から次へと飽きのこない変態性癖の客が寄ってくるというベティー嬢。やはりプライベートでもその手の相手が多いのだろうか？

「変態さんは好きかな。でも彼氏は変態じゃなくていいんですよ、愛がある前提だから。彼氏にするのは、思いやりのある人。セックスも個性的な人が多いですね。あと、しょうもないセックスするヤツでも彼氏なら上手に自分好みに変えますね。だから、ちょっと依存してくれる人の方がいいかな。偏執的な人が好きかもしれないです。ちょっと拒絶とかされた日にはマンコ濡れるもんな（笑）。私、《拒絶は愛》だと思ってるから。〝オマエホンマ性格悪いわ、嫌いやわ〟って言っても〝結局ここにおるやん〟っていう関係ですね」

そして男性との出会い方は、その見た目通り、ナンパはされるより、するというベティー嬢。

「私、ほとんどナンパをされたことがなくて。声をかけられた時は〝ＡＶどうですか？〟とか、大概仕事の話ですね。逆ナンはけっこうあると思いますよ。少なくとも年一回はやってますね。遊び方がオッサンで、狩る側なんですよ。友達の女同士で旅行に行って現地で引っかけるとか。私が狩りに行く時の定義は、その人とセックスすることが想像できる人。〝こういうセックスをこの人としたいな〟って楽しい妄想ができれば実際にエッチはできるけど、妄想ができなかったら食べられないですよね」

そんな狩猟型のベティー嬢が考える、ヤリマンの定義とは。

「我慢ができない人。欲を抑えるのが下手な人、かな。今こんな仕事しとるし、それなりの快感も得てるわけ。辞めた時に我慢できますか？　私なんて〝結婚しても浮気しますよ〟って言ってるようなもんだからね」

私生活でもまだまだ経験を重ねる一方で、風俗嬢を教育する風俗講習師としても活動しているベティー嬢。長い風俗人生の果てに、風俗嬢を育てる側に回った彼女は、風俗利用者の男性に言っておきたいことがあるという。

「いくらお金を持ってても、〝こっちはお金払ってるんやから〜〟って心に余裕がない遊び方をする人は、《心びんぼう》だと思うんです。それが一番ダサい。私は、さんざんお金だけの人を見てきたからね。だから〝お金がたくさんあったら裕福になれるのか〟って訊かれても、答えは〝NO〟です。風俗だって、お金があまり無くても、綺麗な遊び方をする人の方が、女の子も頑張ろうと思いますよね」

風俗、そしてヤリマンの道を究めた彼女が説く《心びんぼう》になることなかれの精神。くぐり抜けてきた修羅場の数がケタ違いの彼女だけに、その真実味もまた段違いだ。《相手の目を見て、心で動く》のが彼女のいうセックスの上級者。これは実生活でも大いに当てはまることの多い至言といえるだろう。《パンコの金言》は、全ての道に通じる。

「生まれ変わっても若いうちは風俗やりたいなって思いますよ。水商売も経験したけど、風俗は裸同士だから誰も見栄を張れない。おチンチンぶら下げて〝俺は金稼いでんねや！〟って言うヤツなんてホントクズ（笑）。奥さんに言えない悩みを聞いたり、人間の根っこが垣間見えるのが楽しいんですよね」

ベティー嬢と接していて常に痛感するのは、ヤリマンに血統があるのだという逃れられない因果のような部分と、その他方、人間の教育には学校や家庭環境が全てではないというまさに正反対のことである。

彼女の家庭環境は裏風俗や売春など、ベティー少女に違法なセックスビジネスを強いることになった。だが、その結果、彼女は親を恨むこともなく、年の離れた父親違いの妹を母代わりに面倒見るような、立派に自立した女性に育った。彼女はこの取材後、高校卒業の資格も取り、自身の目標であるペット関連のビジネスへの準備を続けながら、現在も福原のソープランドで人気風俗嬢として働いている。

第五章

ウラン

「理想はやっぱり、見知らぬ男性や労働者の人たちに犯されることですね」

一口に「ヤリマン女性」といってもその人間性が様々なのは当然であるが、彼女たちに共通するのは、その異様なまでの生命エネルギーである。今回紹介するウラン嬢に会った瞬間に感じたのは、「また自分より強いヤツに会ってしまった……」という、気持ちのいい（生命体としての）敗北感だった。

筆者が初めて会った時のウラン嬢は東京都内に住む風俗嬢。その一方でアパレルブランドの経営や、ＳＭショーのモデルなど、精力的に活動を続ける二十八歳だった。明るく快活な姉御肌の女性で、彼女のいう《Ｍ女》（マゾ性癖を持った女性）のイメージとは全く異なるパーソナリティの持ち主だった。

ウラン嬢の出身は福岡県糟屋郡。彼女曰く、「のんびりした市街地」で育ったという。

「小学四年生の後半で転校するんですが、転校前の学校はヤンキーが多い地域でお兄ちゃんが特攻服持ってる子もいました。自転車を鬼ハンドルみたいにして乗ってる人がいましたし、成人式は荒れてましたね。ピンクのオープンカーに乗って〝ウェーイ！〟みたいな（笑）。でも私は小学校の頃からずっとクラス委員をやるようなクラスの中心にいる感じの子供でした。かといって優等生タイプではなくて、先生にも気に入られていて友達も多いからやっていたとい

う感じですね。小学校の頃からずっとクラス委員。中学・高校からは《お嬢様学校》といわれる女子校に通うようになって、そこでもずっと学級委員をやってました」

クラスのリーダーでありながら、マジメ一辺倒というわけでもなかったので、初体験は誰よりも早かったという。

「初体験が小学校四年生で、相手は小学六年生でした。その時はまだ《彼氏》という概念がなくて、エッチに興味があったからしたという感じでしたね。その時は〝私はもう大人だからコンドームを使う〟って感覚でコンドームを使っていたけれど……」

そう、その後彼女は現在に至るまで、コンドームを使っていない。生粋の《中出しマニア》になるのであったが、それはまだ本人も知らない。

「初めての中出しは中学生ぐらいの頃ですね。出会い系サイトでおじさんたちと会うようになって、お金は貰ってないから援交じゃないんですが、そこで知り合ったおじさんに勝手に中出しされました」

普通ならばトラウマになりそうな体験だが、ウラン嬢の場合は違った。

「最初は相手がしたいから受け入れてましたが、そのうち自分がしたいからするようになりました。コンドームをして温度とか男性器の細かい動きが伝わらないのが嫌なんですね。それからは〝着けたい〟という人とする時しか着けてないですね」

ということで、大学生以降は中出しのために、ピルを服用し続けているという。そしてまた、彼女の進学先が、爆発的に経験人数を上げる一因になった。

「私が通っていた大学はいわゆるパリピが行くような大学で、そこでは学生寮に入っていたんですけど、そこはミックス（男女同居）の寮だったんです。繁華街から離れた高台にある寮で、学生たちからは《天空のラブホ》って呼ばれてましたね（笑）。本当に、二十四時間体制でセックスばかりヤッてました」

週末は持ち前の行動力を活かし、下山してクラブでＶＪ（ビデオジョッキー）活動していたという彼女。日常も週末もはじけまくったパリピ系ヤリマン嬢は、大学一年にして既に経験人

数五百人は下らなかったという。

「そこの大学は外国の留学生も半数くらいいて、世界各国の人が寮に暮らしていましたね。ケニアからアメリカからヨーロッパ……私がヤッた国としてはアジアが多いですけど、日本語が通じる外国の人たちと毎晩飲み会して、本当に毎晩のようにセックスをしていましたね」

四年間の〝天空期間〟で千三百人ほどと経験し、その中で彼氏がいる期間もあったが、長続きはしなかった。それはもちろん〝浮気がバレて～〟という理由もあったが、他にも原因があった。

「中学の時からヤリちらかしてたんだけど、同級生の友達が〝彼氏できた〟とか〝彼氏欲しい〟とか言うようになった時に、私は彼氏は欲しくない代わりに〝ご主人様が欲しい〟って思ったんです」

お互いの性生活を束縛する特定の相手というよりは、精神的に従属し、アブノーマルな願望を共有できるような、パートナーが必要だったのである。

「後々気付くのですが、私は《屈辱》が好きで、屈辱的なことをされると一番燃えるんです。理想的なシチュエーションは、《一夫多妻制》の関係で、そのうちの二番目か三番目の存在がいいですね。常に一番にはなれないという屈辱的な状態で、セックスだけに呼ばれて、というのが私の考える《幸せ》ですね」

この感覚もまた、ウラン嬢の経験人数が上がる原因のひとつであろう。取材時に付き合っていたパートナーも、父親より一歳年長という五十代のスパンキング好きな男性。しかし彼以外とのセックスもやめず、行動する先々でのどんな出会いでもセックスに繋げてしまうという。

「この間ドイツにＳＭショーをしに行ったんですが、その時もプライベートで〝とっかえひっかえ順番にバックで犯される会〟みたいなものをやりました」

付け加えると、ウラン嬢が世界を飛び回っていたのは学生時代から。就職活動に違和感を覚え、「自分でファッション事業をやりたいな」と思いたった彼女は、世界の色々なものを見てこようと大学を休学して世界一周に出かけたという（もちろん各地でセックスも）。それ以来現在に至るまで、海外への志向も強いという。

「ドイツ人のチンコはめっちゃ太くてデカイんですけど、彼らはオマンコのほぐし方を知っているので上手く挿れてくるんですよ。全然痛くないんです！」

世界を股にかけた陽気なＭ女が大学を卒業し、まず向かったのは、福岡市の繁華街・西中洲にある大箱のＳＭバーだった。

「まずは博多のお店に入ってＳＭを学んだんです。六十人くらいは入るのかなぁ……デカいんですよ、ショーのスペースがあって、ボックス席があって、みんなで飲んでショーを見てって感じの場所でした。檻もあって、ママ様のセンスが凄いカッコよくて。吊り床（吊り緊縛用の支点）自体がもう滑車で上がっていくみたいな、そういうところで派手に〝ＳＭショー！〟っていうきらびやかな世界を学びました」

上京してからは、もう少しマニアックな世界へ突入。

「その後、東京に出てきたんですけど、またＳＭに携わりたいなと思って、〝何か新しいこと〟って思った時に、〝二人っきりのＳＭプレイ〟ってまだそんなにやったことがなかったと。

高校生の時に彼氏というかご主人様と《ごっこ》はありましたけど、彼も初めてだったので手探りでしたよね。そこから〝本格的なＳＭプレイも今ならできるかもしれない〟って思って、ＳＭデリヘルに入ったんです」

派遣型のＳＭデリヘル、世にいうところのＳＭクラブにはもちろんＭ女として所属したのだが、いざ入ってみると、ＳＭの難しさに直面する。

「お昼の仕事と掛け持ちしながら、夜、週二回くらい働いてたんですけど、Ｍ女として所属していたので、相手はＳの男性だと思うじゃないですか？そうしたら意外と三割くらいは〝キミ変態なんだろ？　俺のこと気持ちよくしてみろよ！〟ってタイプのお客さん。ウランってＭだったから、今まで全部受け身だったんですよ」

日本を代表する縄師である故・雪村春樹氏が「縄奉仕」と自らの緊縛を呼んだように、ＳＭという行為の主体は表裏一体のものである。Ｓが経験の少ない素人寄りであればあるほど、Ｍには力強いリードが求められる。

「それまでは基本的に〝なんでもお申し付けください〟ってテンションだったし、相手がやりたいことをやるのがＭだと思ってたんです。だけど、〝俺のこと気持ちよくしてみな〟みたいな人が来ると、経験値が全然足りなくて〝どうしたらいいんだろう……？〟って。そこに自分の成長の壁を感じてたんですよ」

そのＭ女としての壁を乗り越えるヒントは、思わぬところにあった。

「ＳＭデリヘルでは働いた。ＳＭバーでも働いた。それで〝変態というスキルを全部隠して封印して戦おう〟と思って、私ができない特殊な技術を学ぼうと、高級ソープランドの面接を受けに行ったんです。それで新宿の高級店『Ｄ』（仮名）に見事受かったんです」

「Ｄ」とは海外の要人や芸能人も御用達といわれる、新宿の名店。

「ウランはそこそこ英語とかもできるし、海外もよく行くんで（笑）。あとＳＭ界ってわりとぽっちゃり体型でも許されたりとか、あんまり可愛くなくても〝その中ではわりと可愛い〟みたいなので許されるというか。〝ぬるま湯に浸かってるとよくない！〟と思ったんです。合格

したら〝いつ痩せるんだ？〟とお店から言われ続けて、〝これが高級店のレベルか〟と思いましたね（笑）。入店したら引退した元ナンバー1のお姉さんが講習してくれて、マットプレイだけでなく、接待やおもてなしの技術というか、全部一通り教えてくれたんですけど、〝これはSMよりSMじゃないのか!?〟って思ったんです！」

M女としてのブレイクスルーは、一見SMとは無関係と思われるソープランドにあったのだという。

「ソープランドではお客様と入り口で会ってお部屋にご案内するところから、いわばもう全部が奴隷なんですよ。〝おカバン持ちましょうか？〟から始まって、お部屋に〝こちらです〟って案内して〝お掛けください〟って言ったら、もうそこから私、お客さんよりも上の目線に立っちゃいけない。跪いてすぐにプレイに入るんですけど、そのタイミングでお客さんの足を私の膝の上にのせて、少しずつ靴下をタオルで包みながら脱がせていくんですよ。〝めちゃめちゃ奴隷じゃん!!〟みたいな（笑）。お客様は完全に王様だし、〝これはなんかSMに通ずるものがある〟って思ったんですよね。そこから今修業中なんです」

そして最近では、AVにも進出し始めたウラン嬢。

「AVに出始めたのも昨年からなんです。昔からお誘いはあって。でも〝エッチな女の子だー〟と思って連絡してくるのが大半で、〝今さらウランがパンチラとかやってもなぁ……〟って自分自身でブランディングしてたんですよね（笑）。〝なんで普通のセックス⁉　嫌だよ！〟みたいな(笑)。ウランはあくまでも趣味を仕事にしたいんですよ。そうしたらスカトロのオファーがあったから、それは自分のプレイの延長線上だと思ったんです。しかも〝AVならもっと派手なことができるよ〟って言うから、〝それは楽しそうだ〟って思って。実際行ってみたらスタッフが全部準備してくれるし全部片付けてくれるし〝これなら好きなことが思う存分できるぞ‼〟って。だからこれからもおもしろいことはやっていくって感じですね」

と、長々と一人のM嬢を紹介してきたが、果たしてこれがSMの話かといわれればよくわからないほどのスケールである。

そのバラエティーに富んだ経験を通じて、彼女が考えるセックスの上手い男性とは？

「セックスは腰使いと、あと密着度が深く関係しますね。でも、〝セックス上手いな〟って

思った人はほとんどいないですね……今までに十人いくかいかないかくらいですよ」

経験人数三千人ほどというから、その割合、たったの〇・三％。それでも彼女がセックスを、中出しを止めることはない。

「セックスが合うなと思ったらまたしますよ。一回目よりも三回目の方がお互いのことをわかってるのでよくなっていくじゃないですか。なので〝脈がないな〟と思っても何回かはしてみます。でも人脈が大切なので、友達の彼氏とかだったら私は引きます。私は足りてますし、人のものを取りたいって願望はないですね」

二回目をしないというタイプのヤリマンよりは、継続的なプレイへの門がやや広いのがウラン嬢。実業家としての一面を持っている彼女らしく、社会性を備えたヤリマン女性である。

しかしその一方、そのマゾとしての性癖は、あらゆる社会性を拒絶するかのような凄い偏り方をしているのである。

「私は《屈辱的なこと》をされると、一番燃えるんです。緊縛も好きですけど、あれは《愛の

形》というイメージですよね。私は拷問系の方がより好きかもしれません。最近は全身にミミズを這わせられながらセックスする《ミミズプレイ》が興奮しましたね。ミミズにまみれながら、人生で初めてあんなにイキ狂いました。でもそのプレイも、次の時はもう慣れてしまってダメでしたね……。だから、常に新しいプレイを探すのが好きです」

常に刺激を探し、つまらないセックスは相手のせいではないと語るウラン嬢。「おもしろくなき世をおもしろく」するのは、ウラン嬢のような突き抜けたバイタリティなのだろう。

そしてこの取材の時は、こんなことを言って別れたのだった。

「理想はやっぱり、見知らぬ男性や労働者の人たちに犯されることですね」

そして、最初の取材からちょうど一年後、コロナ真っ盛りの二〇二〇年に、その事件は起きた。ウラン嬢は本当に、見知らぬ男性たちと情事をしに、大阪・西成に単身乗り込んだのである。

「まずツイッター（現X）で〝僕は大阪に住んでいるウランさんのファンです。もしよかった

ら大阪に来て一緒に僕らと遊んでくれませんか？　ギャラもお支払いするし交通費も出します〟というメッセージが来て、その人が〝西成に精通しています〟というんです。さらには〝僕は医療従事者で、当日来るメンバーのうちの一人は元ＡＶのプロデューサーなので安心してください〟と言われて」

医療従事者はともかく、元ＡＶプロデューサーという肩書きになんの確度があるのかわからないが、とにかくウラン嬢はこの話に喰いついた。

「その後もＬＩＮＥ（ライン）交換して連絡したり何度も電話でやり取りしました。〝今現地にいます〟とか写真も送ってきたりしてて。私は元々性的嗜好が、そういうシチュエーションっていうのはＳＮＳ上にも書いているんです」

そう、この冒険は、彼女にとっては罠かもしれないとわかっていても飛び込まざるを得ないほどの、あらかじめ予告していた《ドリームズ・カム・トゥルー》だったのだ――。

「いろいろなところで話してはいたんですけど、『ホームレスや肉体労働者のおじさまに犯さ

れたいな』っていうのが昔からの夢で、それを叶えてくれるって話だったし、めちゃくちゃ嬉しかったんです」

今さら西成という場所の説明をするまでもないと思うが念のため書いておくと、西成とは大阪が誇るディープゾーンのひとつ。通天閣のお膝元、串カツ屋の聖地である「新世界」、日本最大級の遊郭であった「飛田新地」もその一角を担うゾーンであるが、「あいりん地区」と呼ばれる日雇い労働者の街として知られ、千円で酔い潰れることのできる飲み屋や一泊二〇〇〇円からの安宿が林立する、日本を代表する《ドヤ街》として知られている場所だ。

そんな場所で、そこに集う見知らぬ男性たちに犯される、というウラン嬢にとっての《晴れの日》のスケジュールはトントン拍子に決まり、いよいよ決戦当日――。

「当日十八時に待ち合わせだったんですよ。私、ちょっと歩いたらお尻が見えちゃいそうなミニスカに、胸がスケスケの衣装の上からコートを羽織って、《変態ファッション》で動物園前駅まで行ったんです。駅に着いたら待ち合わせの時間に土砂降りの雨が降り出して。〝私ここに着いたんですけど、どこにいらっしゃいますか？〟って連絡をしたら全然既読にならない」

こういう嫌な予感は得てして的中するものだ。

「全然連絡もなくて五分くらい過ぎたから電話かけてみたんです。そうしたら〝お客様の都合により繋がりません〟……土砂降りの雨だったし〝まあもうちょっと待ってみようかな〟って思って、新今宮駅のドン・キホーテの中をウロウロして時間を潰したんだけど、待てど暮らせど連絡はなく……。確かに初めて会う人だし〝まあ五分五分かな〟って、ちょっと嫌な思いをする可能性もあるなとは思ってたんですけど……」

確かに怪しすぎる話ではあるし、改めて考えると、そもそもがノリで展開したイタズラとしか思えないような約束である。

だが、ウラン嬢にとっては、それが〝金塊に目が眩むかのような〟、一期一会の《夢の話》だったのである。

「そう!!　私にはけっこうショックで、たぶん皆さん、この時の私の行動って〝意味がわかんないよ〟って思うかもしれない。でも、私にとっては、たとえるなら〝めちゃめちゃ大好きなアイドルに会いに行けるよ〟だとか、〝ディズニーランド貸し切りですよ〟だとか、そういう

レベルの話だから。一生に一度の経験を〝与えてあげるよ〟って言われたのに結局〝嘘でした〜〟ってなったようなもので、その時は悲しいっていう感情だけでしたね」

これで終わるのが、普通の話であり、普通のM女である。

だがしかし、自らの性癖に貪欲すぎる彼女は、このままでは帰らなかった。

あろうことかウラン嬢は、現地でおじさんを調達したのである——!!

「さすがにこのまま帰るのはもったいないというか、自分の心と身体が悲しいなって思ってドンキの前で佇んでたんですよ。そうしたらパチンコ屋さんから出てきたおじさんが、求人情報誌を三冊くらい持ってたんです。それを花壇にパッと敷いて座布団代わりにして座ったから〝あっ、働く気ないんだな〟と思って（笑）。しばらくそこに座ってタバコ吸ってるから、〝何してるんですか？〟って声かけたんです。そうしたらもう一冊の情報誌を敷いてくれて〝どうぞ〟って（笑）。〝こんな若い娘に話しかけられるなんてキツネにつままれたみたいだ！〟って言われて。そこで〝すっぽかされちゃって暇になっちゃったんですよね〜〟って話をして。でもおじさんは全然信じてくれなくて〝後から怖い兄ちゃん出てくるだろ？〟みたいな」

普通に考えれば、二十代のエロい女性が中年男性を逆ナンしてくるような場所などはない。このおじさんも、美人局を警戒するくらいのセキュリティー感覚は持ち合わせていて当然なのである。だがこのケースでは、そんな甘い話を簡単に捨てるには惜しかったのかもしれない。怪しみながらも、おじさんはウラン嬢の誘いに乗ってきた。

「〝お茶するか？〟って言われてついていったら、自販機でジュース買ってくれて、さっきの花壇からまた別の花壇に案内されて（笑）、暗がりでまたしばらく喋っていたら、私の網タイツをチラチラって見ながら〝そんな感じだったらおいちゃんエッチなことしちゃうよ!?〟って向こうから言ってきたんです。〝これは!!〟と思って（笑）。おじさんは〝ホテル代出したらなくなっちゃうからお金渡せないよ〟ってずっと言ってたんだけど、〝お金なんか要らないんだ、こっちは!!〟と。私は家に行きたかったんですけど、やっぱり彼もセキュリティーしっかりしてるから〝ホテルに行こう〟って話になって、歩き始めたら、道中の森の中みたいなところでキスを仕掛けてきて――」

いくらセキュリティーをはったところで、こんな昔話か喪黒福造案件のような甘い話に乗ってこないおじさんもいないだろう。

こうしてウラン嬢の《おじさん現地調達ミッション》は完了したのである。

「そのままイチャイチャしながら天王寺の駅前のホテル街の方まで行って。ホテルに入ってみたら、《一時間二千円、三時間二千九百円》っていう謎の値段設定。そこで彼は、なけなしのお金を出して三時間二千九百円を払ってくれたんです！」

それを侠気（おとこぎ）と思うか、せっかくだからいっぱい食べたかったと思うかは人それぞれだろう。

とにかく、三時間の《現代版エロおとぎ話》は、幕を開けた――!!

「彼の名前ゴロちゃんっていうんですけど、ゴロちゃんが〝一時間だったら足りないかもしれないから、三時間〟って言ったんです。私は〝けっこう長いな～〟って思いましたけどね。一応その日は撮影する予定だったから衣装もちゃんとしてるし〝いいよ〟って言ってくれたから一部始終動画に撮りました。〝写真も撮ってもいいよ〟って言われたから一緒にいっぱい撮って。撮りながらまずは洗ってないそのままの状態で脱がせてフェラしました」

彼女の生本番嗜好を知ってる筆者からすれば予想通りだが、それにしてもこのコロナ禍のご時世に聞くと凄まじい。二〇二〇年夏のできごとであるが、新型コロナウイルスの猛威でさえも、彼女のM願望は遙かに凌駕してしまうのだ。

「ゴロちゃんけっこうチンコはデカくて（笑）、〝めちゃデカいじゃん!!〟って言いながらフェラして、その後一緒にシャワー浴びました。臭いとかはそんな……覚えてないです、興奮してたから（笑）」

彼女にとってそれは、夢うつつの状態だったのだろう。

「彼ね、六十三歳の生活保護受給者なんですよ。ホテルの清掃みたいなのを生活保護が貰えるくらいの範囲でやってる感じの方でした。でもチンコはめっちゃ元気で（笑）。〝（セックスは）どれくらいぶりかわかんない〟って言ってました」

そんな状況で、ゴロちゃん氏は長い間セックスをすることもなく、慎しやかな生活をしていたのである。

ちなみにウラン嬢はその時二十九歳だったので、その差三十四歳の対戦だった。

「お風呂で身体全部洗ってあげても、その間ずっと〝キツネにつままれたみたいだ……〟って言ってて（笑）。その後ベッドに寝転がったら〝襲ったりとかしてくるのかな？〟って思ってたんですが、手を頭の後ろに組んで〝どうぞ〟って。〝ああそういう感じね〟って、ウランが襲う側になりました（笑）」

ゴロちゃんは、マグロだったのである。

事前のファンタジーとしては、当然見知らぬ男性たちに蹂躙される女という構図であったが、事実は妄想より奇なりとでもいおうか。M女vsおじさんにしても、実際に蓋を開けるまでわからないものだ。

「私が見知らぬ男性をナンパして襲う側になっちゃったんですよね（笑）。その後、舐めたりキスしたりフェラしたり、一通りやったらやっと彼がムクッと起き上がってきて、正常位で挿れるってことになったんです。で、彼はゴムは使わずにそのまま挿れて……」

そこもファンタジー通りではあるが、当然のように断らないウラン嬢も凄い。

「まあでも私はその覚悟で行ってたから、〝こちらとしては〟って感じでしたね。そうしたら秒でイッちゃって……中で出しました（笑）」

わりと覚悟していた結末だが、改めて言葉にされるとやはりもの凄い話である。

「後から動画見たら一分ぐらいだったんです。その時は休憩かと思ったんですよ。〝イキそうだからちょっと抜くわ〟ってテンションだと思って〝えっ、休憩!?〟〝うん。そうそうそう〟みたいな感じだったんだけど、私の頭の上からティッシュ取って〝はい〟って。〝いやイッとるやないか!!〟って（笑）。〝もうイッちゃうかも〟みたいなのを言ってる時に私が〝中で出してほしい！〟みたいなことを言ったんですけど、彼はもうその時には出してました。〝出ちゃうかも〟じゃなくて『出てる』（笑）。三時間使えるのに結局使ったのは四十五分くらい（笑）」

この年のプロ野球巨人・ソフトバンク戦の日本シリーズも四戦であっけなく終わったものだが、同じ年に人知れず行なわれたもうひとつのビッグマッチもまた、短時間で決着が付いた。

「二回戦はしてないです。ゴロちゃんはタバコ吸って〝ふぅ……満足〟みたいな。よしよしって頭撫でられて。部屋にはアナログテレビみたいなので画質の悪いＡＶが流れてて、それを二人でちょっと観て。〝まぁ六十三歳だし、二回戦三回戦とか無理か……〟って思って〝私シャワー浴びるけど？〟って言ったら〝いや僕は浴びない〟って。〝ホテル出よっか〟ってなった時に、ゴロちゃんがさっき買ってくれたジュースのちっちゃいペットボトルを凄い気にしてたんですよね。だから〝持って帰る？〟って言ったら〝持って帰る〟って言う。〝可愛い！めっちゃ可愛い!!〟って思いましたね。そのままそれを持って天王寺の駅まで戻って、駅の売店でお姉さんにマジック借りて、ペットボトルにサインしてあげました（笑）」

ペットボトルには、《ゴロちゃんへ　ウラン》。
なかなかに深イイ話だが、セックスした相手にサインってのがまた不思議な感覚である。

「それを彼に渡してバイバイって言ったら〝ホントに怖い人出てこなかった……〟って、そこでゴロちゃんやっと安心して」

見知らぬ土地のおじさんを、現地のド真ん中で恐れさせるＭ女。全身まさに肝っ玉である。

「ウランはそのあと難波まで行く予定だったんですけど、ゴロちゃんがその切符を〝俺が買うから〟って言ってくれて。しかも千円札で買ったお釣りを〝これでジュースでも買って〟って全部くれたんです！　その時残り九百円しか持ってなかったのに〝大丈夫？　明日からゴロちゃん生きていける!?〟って思って……」

人間はお金のみで生きているわけではないということだろう。

「これは彼の気持ちなんだって思って〝ありがとう〟って貰って帰ってきたんですが、気持ち的にはだいぶほっこりしてましたね。最初に騙してきたヤツは最悪だって思ったけど、ゴロちゃんに会えてよかったって思いました」

ド変態、Mの看板に偽りなし。このコロナ時代とは思えぬ無謀な冒険譚は、彼女にとってこれ以上ないほどの《宣伝》となり、筆者の元にもリアルタイムで届いたのである。

だが彼女のケタ外れの《冒険譚》は、今に始まったものでもなかった。

「こういうことは以前からやってました。ウランにとってはあまり特別なことではなくて」

大阪のこの場所が初めてであり、それをＳＮＳで公開するのが初めてだっただけなのだ。

「トラブル続きだったからテンションが上がったし、みんなの注目が集まったからそうなっただけで、ウラン別に普通にどこの地域でも〝今日家帰りたくないな〟とかって思ったら誰かに声かけて一緒にホテル行ったりって全然普通にしてるし。ドイツでもどこでも、そうですからね」

彼女に聞いたこの『西成の話』は、人間の欲望の深さ、そして生命力について大いに考えさせられるものだ。大半の人たちにとっては、それは眉をひそめる対象でしかないだろう。しかし筆者のように、人間という種のセックス離れを危惧する者にとっては、これ以上ない《人間賛歌》に聞こえてくる。願わくは、多くの人に、コロナ禍を経て今や風前の灯火ともいえる《人間の生命力》を、この『Ｍ嬢の物語』から感じとってほしいものである。

第六章　若林美保

「初恋は、あったと思うけど、
印象がない。今となっては、
セックスをしないと
好きかどうか
わからないから」

横浜市中区黄金町——そこは終戦直後から青線地帯（非合法の売春地帯）として活況を呈し発展し続けた場所である。さらに、一九九〇年代後半から二〇〇〇年頃にかけては、中国、韓国、台湾、タイ、コロンビアなど、あらゆる国から流れてきた売春婦たちで埋め尽くされた、日本有数の外国人売春街となっていた。

そんな中で都市伝説的に流れていた噂に、「日本人専門のちょんの間があった」というものがある。実は、そこで働いていた一人が、現在は日本を代表するストリッパーの一人である若林美保、通称・わかみほ嬢なのである。

「一緒にいた日本人の子は、ホストにハマってちょんの間に沈められた人か、ヤク中で今にも死んじゃいそうな人しかいなかったから、あそこで働いた人はもう、私の他には存在しないかもしれませんね——」

彼女の生い立ちからみてゆくと、本書で紹介してきた多くの女性とは異なり、ごく普通の家庭環境に育った。

「お父さんは大手電気会社の技術者、お母さんは体育大学卒の主婦で、お父さんは単身赴任で

した。凄い金持ちでも貧乏でもない、普通の家庭でした。両親は普通に大学を出て、就職をして結婚をしてっていうのが私に対する望みでしたね」

わかみほ嬢も体育会系で、小学校の時には水泳で国体にも出場。それ以外は特筆すべきことは何もなかったという少女時代だったが、初恋も覚えていないという。

「う〜ん、あったと思うけど、印象がない。今となっては、セックスをしないと好きかどうかわからないから……」

ストリッパー、若林美保嬢の初恋は、記憶の彼方に消えてしまったのだ。

そんなおぼろげな時代に、ごく普通の初体験を迎えたというわかみほ嬢。

「子供の頃から、エロ妄想は多感でしたね。オナニーはね、小学校三年生くらいからしてました。元々興味津々だから、つるんでた男友達と〝してみたいね〟っていうのでヤッたのが十五歳の時ですね。なんか、〝してから付き合いたい〟って思ってたんだよね。そのセックスはそうでもなかったけど、ヤッてから付き合った感じでした」

このあたりのモラル、ちゃんとセックスして付き合うあたりの精神性も、他のヤリマン女性ほどには一般的な感覚からはかけ離れていない。

「実は、初めにしたセックスが痛すぎて、それ以降高校生の間、一回もしてない。雑誌かなんかで〝五回くらいしないと痛みが治まらない〟って書いてあったんで、〝これを五回も！〟ってなって（笑）」

ということで、高校卒業まで水泳に打ち込んだわかみほ嬢のセックスの話は、大学時代まで飛ぶことになる。

「高校時代はセックスもしてないから記憶にない（笑）。兄と姉は親の期待通りに育ったから、親としても表向きはそっちの方がよかったんだろうけど、私はそういうのが嫌で、自分が楽しい方がいい。ただ、表向き体面は保ちたい。だから大学も遠くに行きました」

関西圏出身のわかみほ嬢であったが、東北の国立大学に進学。親の体面を保つためにしては勉強しすぎなくらいの、いい娘さんだ。

「大学時代にお金が欲しくて、ランジェリーパブでバイトを始めたんですけど、東京から来たお客さんに部屋に呼ばれて、ヤッてみたら痛くない！　その日は酔ってたのも大きいかもしれないんだけど、〝これはいい！〟ってなって（笑）」

体が成熟していたのか、あっさりとセックスのよさを知ってしまったわかみほ嬢は、晴れて楽しい学生生活に突入。

「大学生ってセックスしたら彼女って感じがあるかもしれないけど、私はいろんな人と遊ぶのが楽しかったから、〝彼女はなぁ……〟って感じでしたね」

このあたりで既にヤリマンとしての萌芽はみせていたわかみほ嬢。特に、飲酒した時にそのたがが外れてしまうことが多かったという。

「お酒に酔うと、抑えつけてた欲望が出てくるんだと思う。だから私、〝接客業向いてないなぁ〟と思ったんです……すぐヤラせちゃうから（笑）」

バイト先のランパブでは店員ともヤッたり、客とヤッたりしながら、少し派手な大学生活を送り、ごく普通に彼氏がいる時もあった。

「一応、付き合ってる時は他の人としてなかったですよ（笑）。ずっと彼氏と一緒にいたから浮気を考える暇もなかったし」

ちょっと危ういが、この頃もまだヤリマン期ではないわかみほ嬢。彼女の性生活が加速するのは、大学を卒業し、上京してからである。

「上京して裸の仕事をするようになって、高収入雑誌とかで《パンチラで一万円》とか書いてある、細かい仕事をバイトでやってたんです。それ以外にもパーツモデルとか風俗の名鑑のモデルとか。単発の仕事で小銭を稼いでました。そういうのと並行して、昼はあの小保方さんもいた『理化学研究所』で職員として働いてました（笑）。親への建前上、何か昼の仕事をしないと東京に出られなかったんでやってただけですけど、これはランパブのお客さんの紹介でしたね」

何が何に繋がるかはわからないものだが、まさか東北のランパブが理研に繋がるとは、これまたＳＴＡＰ細胞発見級の奇縁だろう。そしてそんな環境で、今に繋がるストリップの仕事を始めたのもこの頃なのである。

「まずきっかけは、ＡＶ女優のプロダクションに所属したことでした」

現在も、ストリップ小屋に立つ踊り子には、ＡＶ女優としてのキャリア引退からのルートを辿るパターンも多い。ただわかみほ嬢の場合は、デビューがほぼ同時だったので複雑だった。

「ストリップデビューした時には、既に若林美保になって、一本ＡＶに出てたから、ちょっと売り値が高かったの。ただ、一般的には知られていないから、お客さんは呼べない。ギャラはいいいんだけど、半分取られてたから私の収入は少ない。だから結局、デビューしたのはいいけど、全然仕事入れてもらえなかった。だから凄く暇してて」

そこで、わかみほ嬢は、新たな世界に飛び込むことにした。

「その時にある関東の劇場の従業員さんで、個人的に裏稼業をしてる人がいて、〝ホストにハマって借金まみれになった子を島に売る〟なんて話をしていたんですね。その人が、二十歳くらいのホスト中毒の女の子をヤクザと繋がりのある女衒のママに紹介したんだけど、ママが〝この子を島に売るのは可哀想だ〟って言い出して、結局〝黄金町に日本人専門のお店を作ったからそこに行かせる〟っていうんです。なんでも〝凄いお客さんが入ってる〟って。〝どれくらい入ってるの？〟って訊いたら、〝一日十万円は貰えるよ〟って。それで〝私も行きたい！〟って言ったんです」

当時二十五歳の駆け出しストリッパーだった彼女に、迷いはなかった。

「やる前から、《ちょんの間》の仕事はわかってましたよ。元々ストリッパーになりたいっていうよりもおもしろい仕事をやりたかったので、イメクラなんかもやってたし、なにかおもしろい仕事を模索してた時期だったんですよね」

ほどなくして、ヤクザと外国人売春婦たちと、剥き出しの欲望を抱えた男たちの街＝黄金町で、働き始めた彼女。源氏名はそのまんま「ミホ」。同僚は四人ほどで、誰もが見るからに

《ワケあり》だった。

「私が覚えている限り、年齢は私を含めて二十代の子が三人と、最後に入ってきた人が年上かな。一人はシンナーかなんかで歯がなくて、でも歯を見せなければわりと可愛い女の子でホスト中毒。もう一人のギャルっぽい子はよくわかんなかったけど、その子もホストにハマっていたのかな。最後の一人は、シワっとした女の人で、たぶんヤク中っぽい感じ」

こうして黄金町で働き始めたミホ嬢。時期はちょうど二〇〇〇年頃のことだった。

「うちの店は二十分一万円でしたけれど、十五分でタイマーをセットして、五分で着替えでした。延長したい人はまた二十分って仕組みで。シャワー浴びたり、サービスとかは何もないです。おしぼりで拭いて、キスとゴムフェラはしましたが、お客さんは基本的に〝とにかく穴があったら挿れたい〟っていう人たちだから、だいたい十五分もかからないし。私からは会話もしなかったです。私、サービス業ダメなんですよね。〝次来てほしいからよくする〟っていうのがサービスじゃないですか？　でもあの時は別に次来ようが来まいが関係ないので、会話は〝じゃあ、タイマー押しますね〟〝ゴム着けますね〟くらいのものでした」

東北での愛想のいいランパブ嬢はどこへやら。この話を聞くと、さぞかし冷たい女性を想像してしまうが、その接客中でも彼女は快感を得ていたという。

「私が、元々受け身というのがあったからかもしれませんが、お客さんとのセックスは気持ちよかったですね。ローションを使いまくるから、一日に何人としても痛いこともほとんどなかったです」

ピーク時は週に五日勤務。生理の日も出勤を続けたというミホ嬢だった。やがてその店の前には、日本人との格安セックスを求める脚が列をなし始めた。

「あの頃は、凄く真面目に働いたって記憶がありますね。店にはだいたいいつも二人女の子がいて、二人ともお客さんが入ってたら店は閉めてました。そのうちリピーターとかも来るようになって、閉まってても外で待ってるみたいなことになってきました。真面目にやった結果、行列のできるお店になったんじゃないかなと思います」

恐らく当時でちょんの間が三十軒はあったという黄金町。その中で《唯一》といわれた日本

人専門店は、もの凄い勢いで繁盛した。

「とにかく稼ぎましたね。最高で一日二十五人くらいのお客さんが来て、その時は二十万円くらい持って帰ってました。《自分の存在でお金が稼げる》っていうのがアイデンティティになりましたね」

一日で二十五人とは、いくらローションを使用しても誰もができる人数ではないだろう。それに加えて、時間に正確な飛田新地のような場所でもその数字は考え難く、彼女自身の素養とこの時代の黄金町という環境があって初めて可能な数字である。

ちなみに、彼女の記憶では、十人でいくら、二十人でいくらというように、歩合で店側に売り上げを渡していたという。しかし、飛田新地の四割～五割という女性側の取り分に比べて、彼女が黄金町で働いていた時は、かなり割りがいい。その他の必要経費は「コンドーム、ローション代と、あとはヤクザさんが回ってきた時に払う三千円程度の《ショバ代》」だけだった。

また、彼女の働いた店の好景気は、意外な形で他店にも波及したという。

「私たちが日本人だって言ったら凄くお客さんが来るから、周りの店の外国人の子たちも〝私、

日本人〟って言い出して（笑）。だからこっちまで〝本当に日本人？〟って疑われるようになってきて。正直、見た目は中国人も日本人もそんなに変わらないですしね（笑）」

当時の黄金町では二十四時間営業していたという店もあったように、この当時の黄金町の街が異様な活気を放っていたことは間違いないだろう。

「正確には覚えてないですけれど、夜も遅くまでやってた気がしますね。でも、〝今は危ない！〟って時は店を閉めていました。ヤクザから〝警察が来るからみんな閉めろ！〟って通達が来るんですよね。まあ、そのためにショバ代を払ってるわけです。だからヤクザさんは、私からしたら《守ってくれるおじさん》って感じで、あまり怖くはなかったですね。あの頃はヤクザのおじさんたちとも仲良くなってたから、数年後黄金町のストリップに出た時にはみんな観に来てくれました」

外国人売春婦で賑わった旧青線地帯というと、ギラギラとした危険極まりない場所を想像しがちであるが、彼女の中では、どこか牧歌的なイメージがあるという。

「本当は色々とある場所なんでしょうけど、私がいた時は、《のどかな歓楽街》って感じでした。賑やかで、まるで観光地のように男の人が歩いてるっていう。アムステルダムの飾り窓に近い感覚なのかなって思ってましたね。摘発された時には、既に私はいませんでしたしね」

「横浜開港百五十周年」に向けた浄化政策、通称「バイバイ作戦」が二〇〇五年から始まり、黄金町のちょんの間は集中的な摘発でその歴史を終えた。ミホ嬢が働いた黄金町の《日本人専門店》は、その直前で鮮烈に咲いた徒花だったのかもしれない。

「私が黄金町にいたのは、半年かもう少しでしたが、恐らくその時期で二千万円は稼いだと思います」

　ちなみに、一日十人としても一カ月に二百人ほどの客とセックスをしたとして、半年で千二百人。爆発的な収入と、性行為を重ねた半年であった。

「事務所を移籍したら、ストリップの仕事が来るようになって、それでこっちの仕事は辞めました。黄金町のママとは仲よしだったから、はっきり〝辞める〟とは言えてなくて、〝スト

リップの仕事が入ったから、また空いたら行きますね〟みたいな終わり方でした。ママは……完全に《極妻》でしたね（笑）。経営者って感じでお店には来ないで家にいたので、私もよくお家に泊めてもらったりしてたんです。ご飯連れていってもらったり、お風呂連れていってもらったり。介護しないといけないくらいの老犬と暮らしてたんですけど、私もその子の面倒をみたりしてた」

果たして、その強烈な黄金町時代は彼女の人生に何を残したのだろうか？

「黄金町の時や、その後もしばらく、《セックスをしたらお金が貰えるもの》と思ってましたよね。だから、〝プライベートのセックスってなんなの？〟って思ってました。その頃は若かったし、なんでも素直に受け容れられたというか。黄金町時代はセックス自体もそんなに知らなかったから、新しいものはなんでもおもしろかったし、それでよかったんですよね」

当時稼いだ莫大な報酬も、「踊り子としてやっていくために」と他人に騙され、あっという間に使い切ったという彼女。

「プロダクション関係の人間に〝借用書書くから貸してよ〟って言われて貸したのね。そういうことが何回かあって。でもその人はカジノにハマってまた借金作るとか（笑）。まぁ、そんな感じで使っちゃいましたね。でもその人のせいで、劇場からのギャラの不払いにも巻き込まれたりしたんですけど、最終的にその人が今の浅草ロック座に移してくれたんですよね。だから、この人にお世話になってはいるんです。悪い人なんですけどね（笑）」

たった半年ほどの黄金町での体験は、ストリッパー若林美保が、性的に、人間的に成熟するために必要な、激しすぎるレッスンだったのかもしれない。

「でもひと昔前ってみんなそんな感じじゃなかったですか？　お金も使うからこそ入ってくると思うし、だいたいプラマイゼロでしょ」

どこか達観したようなこの感覚は、間違いなくこれまでの様々な経験によるものだろう。彼女が自分のセックスを取り戻すのは、その後のことだった。

「私、仕事した相手とはだいたいセックスしてたんです。スチールの撮影とか、疑似（セック

スしているように見える撮影のこと）でも、ヤラなくていい仕事でもヤッてた。まあそれも嫌じゃなかったけど、それでまた仕事くれるとか、いいことがないと〝損したな〟って思ってた（笑）。そういうので、〝仕事を求めちゃいけないな〟っていうのは学んだ。それを仕事に繋げるのはやめておこうって」

ちょんの間時代が概算で二千人。ＡＶ女優として三百人、プライベートを合わせて全部で二千五百人程度という経験人数。ここまで仕事としてのセックスがプライベートを凌駕するケースも稀だろう。

「ＡＶ女優のアンケート項目なんかで経験人数をよく書くんですけど、〝これは仕事でですか、プライベートでですか？〟って訊いて、〝プライベートで〟って言われると〝えっ、どれがプライベート？〟みたいな（笑）。それまでは黄金町時代でも〝あの人のセックスはいいな〟って思っても〝これは仕事だからな〟とか、〝プライベートでもお金貰ったらどうなんだろう〟とかいろいろ考えてました」

お金とセックス、それに加えて人間関係までを一度に考えることは、確かに複雑すぎる。

二十歳そこその女性にとって、そこに明確な答えを見出すことは困難であろう。

だが、お金とセックスに関しては、一本のＡＶ作品への出演で理解できたという。

「ドキュメンタリーのＡＶを撮った時にその監督とも付き合って、〝セックスが楽しい〟ってなって、それからですかね。〝好きな人とするセックスが凄くいい〟というのがわかったし、〝お金貰っても嫌な人は嫌だな〟ってなりました」

さて、ここからは改めてその《二千五百人超え》の彼女に、プライベートのセックス観を訊いてゆこう。

「私の場合ナンパされて、〝明日早いから〜〟って断る時は本当に明日早いわけで、断り文句じゃないんですよ。それで〝断られた〟って諦める人とは一生セックスしないでしょうね。わりと《押し》に弱いんで、流されやすいタイプですよ。だから男の人は結局《押し》だと思う。断っても〝じゃあいつならいいの？〟って引き下がらない人とはセックスしちゃうから」

ちょんの間引退後も業界関係者からのセックスが断れず、コツコツと数字を伸ばしてきた彼

女だけに、説得力のある言葉である。

「好きな男のタイプもあんまりないかなぁ。見た目がいい人はＯＫしやすいけど、ガッカリすることも多いから続きにくい。かといって見た目が悪い人はＯＫする気にならない。だから、たぶん無難な線が長続きするんだと思う。たとえば、凄いイケメンのホストみたいに、放っておいても女の子が寄ってくる男ってだいたい上手くないよね。あと、私自身、あんまり愛撫が必要じゃないんで、勃ったら挿入で十分なんだよね」

どちらかといえば、彼女の場合は、肉体的な好みの方が、はっきりしている。

「大雑把な話だと、男性器は長いよりも太い方がいいんだなっていうのはある。硬さは、芯はほしいんだけど、表面は柔らかいのがいい……太いアルデンテね（笑）。ある男優さんですっごい痛い人がいるんだけど、長くてガチガチなの」

では膨大なセックス経験を経て、現在、彼女にとってセックスとは何になっているのか。

「コミュニケーションでしょ（笑）。私は、嘘でもいいから、私だとテンションが上がってくれる人がいい。〝嘘をついてでも、一緒にいたい〟ってことだと思うから。そういうのが自然にできる人が、上手い人なんだろうなぁ」

人間関係の上手さにもセックスを感じてしまうわかみほ嬢。

「私の場合は、セックスしてから、好きになるかどうかだから。たとえばさ、悲しくても、顔が笑ってるとそのうち楽しい気分になってくる。それと同じで、別にそんな好きじゃない相手でも、セックスで気持ちいいと段々好きになっていくんだよね」

冒頭の「初恋が思い出せない」の言葉通り、彼女にとって全ては《セックスありきの人間関係》なのだ。

「長く続くのは十人中、二〜三人くらいかな。昔、全国を回っていた時は各地にそれぞれ彼氏がいて、〝港ごとに〜〟みたいに十人くらいと付き合っていたこともありましたけどね（笑）。私は結局自分からっていうのがあんまりないし、セックスして、その余韻の残ってる段階で次

の約束をするかどうかだと思う」

「セックスの余韻」とはさすがステージに立つパフォーマーといった豊かな表現だ。

と、ここまで話を聞いて、ふと質問したくなった。ごくありふれた家庭環境で育った彼女に、普通に子供を産むという選択肢はなかったのだろうか。

「子供は昔からほしいんだけど、できたことがない……プライベートで避妊したことがないんだけどね。ＡＶの中出しものに出ると、《あとピル（アフターピル／性交後に服用する避妊薬）》を貰うんだけど、私、飲まずに捨ててるからね」

あまりに想像の斜め上をゆく回答すぎて、不意に恐怖を覚えてしまったのは書くまでもない。

「旦那は誰でもいいから、自分の子供がほしいの。でも、当然だけど、みんな〝出していい〟って言ってもあんまり中には出さないよね（笑）。だから〝ピル飲んでるよ〟ってたまに嘘ついちゃう（笑）」

この極秘プロジェクトのような彼女の家族計画はさておき、彼女がコンドームを着けない理由はもうひとつあるという。

「コンドーム着けるのと生でするのでは全然違うよ。相手の人が一番気持ちよくなってる瞬間を、一緒に体感しないなんてもったいなさすぎるからね」

最後の発言にはむしろ安心したというか、子作りのためだけでなく、きちんと射精を味わいたいという人間らしい業の深さは、さすが黄金町を超えてきたヤリマン女性ならではである。

さて、ここまで凄い話が続くと、もはや本業がかすんでしまうほどだろうから、最後にもう一度書いておくと、この章で紹介したのは、ストリッパーとしては現在も日本有数の存在感を放ち、近年は舞台女優としても精力的に活動中の若林美保嬢である。

「ストリップはロック座所属ですけど、その他に関しては、基本はフリーでやっていますね。芝居やイベントがあったりするとその時は出られないから、ストリップのお仕事は空いてるところに入れてもらうって感じですかね。歳も歳ですし、のんびりしたいってのはありますけ

ど、人前でパフォーマンスするのは好きですしね。強いて挙げるなら、二日酔いにならない体が欲しいですね」

常人では考えられないほどの爆発的な性体験をごく短期間に経験し、さらにその過程で莫大な金銭を稼ぎ、それも泡と消えた。そんな女性がいまだに健全な性欲を持ち、破綻のない金銭感覚を持ち、セックスを好きでいるという事実は、大いに人間を肯定するもののようで、他人ごとながら嬉しい気分になる。彼女がパフォーマンスの第一線で活躍し、日頃抑えつけている欲望を飲酒とセックスで解放する日々が、一日でも長く続いてほしいものだ。

第七章

亜希子

「愛が深くて、求めるものが
オーバーして、
それが叶わないから
他の人にいっちゃうのかも」

筆者が古くから取材し続けているヤリマン女性に、亜希子嬢というＯＬがいる。今や彼女にはこちらの仕事の相談をお願いするほどの長い関係なのだが、彼女は特に義理堅い性格で、こちらが困っている時には進んで一肌脱いでくれ（文字通りに筆者が監督している映画の現場で脱ぐ予定の女優が来なかった時に駆けつけ、代打でスパッと脱ぎ出演してくれた時もある）、大した見返りも求めない。まさに筆者が他人にしてやりたい行動そのものを体現してくれる女性なのである。

　社会に出てからも女性が苦手だという呪縛から逃れられなかった筆者からすれば、まさに、女性の中で見つけた初めての同志のような存在なのである。

　亜希子嬢は神奈川県川崎市生まれ。近隣に多種多様な国籍をルーツに持つ人たちが多い環境で育った。家庭環境は複雑で、幼い頃に両親は離婚し、父親に引き取られて育てられている。

　そして、高校時代に久しぶりの再会を果たした母親は、いきなり彼女に整形を勧めてきたという。

「高校一年生の時に、お母さんが、〝世の中に出るためにお直しをしなさい〟って言って整形の費用を出してくれたんです。〝女は顔だから〟って」

両親共に異性との関係が多く、それを隠そうともしない環境で育ったという亜希子嬢。

「お父さんもすぐに再婚相手の韓国人を連れてきたり、お母さんもヤリマンで、出会い系でいっぱい彼氏作ったりしてました」

ちなみに、整形をしたのは十五歳の高校生の時だったが、その時点で既に処女ではなかった。

「初めてのセックスは十四歳。友達の彼氏とで、誰でもよかったんだけど、その時の自分の彼氏が好きすぎて、手も握れなかったんです。だけどセックスはしてみたかったので、〝適当な誰かと〟ってことで、一個上の人とカラオケ館でしました（笑）」

彼女は常に極端な行動をとってしまうタイプなのだが、それは初体験の頃から発揮されていたということだろう。

「でも初体験の相手に処女ってバレたくなかったので、エロ本とかを読んでみて、チンチンに生クリーム塗って舐めたり、余計なことばっかしちゃいました（笑）。その人に〝セックスし

ようよ〟って言われた時にこなれた感を出さないとダサいなと思ってやりすぎちゃいましたね。処女だって言うと恩着せがましいのもあるし」

このあたりの自意識過剰な感覚は、年頃の女の子というより、多くの童貞男子に通じるものがあるかもしれない。

しかし亜希子嬢は、高校に進学し、童貞男子的な方向性とはほど遠いような学生生活に突入する。

「高校時代は、一番最初に仲良くなった子が超援交少女で、その子と遊ぶようになって、出会い系サイトで援交を始めました。十五歳の時かな。初めての援交は、普通のサラリーマンが相手で、車の中でフェラチオしました。車で迎えに来たので乗ったら、ビルの駐車場に車を停められて、〝しゃぶって〟って。そのままセックスもして、三万円貰いました。その時〝こんな貰えるんだ！〟って思って、そこから火が着きましたね」

金額はまちまちだったというが、「最低三万円貰ってました」という。二〇〇〇年頃の相場である。ちなみに「最高は百万円。おじいちゃんみたいな人で、一回しか会ってない」という

が、十五歳にして無茶苦茶な経済状況となった亜希子嬢。

「当時は相当金遣い荒かったから、毎日服を上から下まで全部買って丸着替えしたり、学校もタクシーで行ったりしてました（笑）」

しかし、彼女はただ荒稼ぎと無駄遣いを繰り返しているだけではなかった。この頃から、自立心が強かったのである。

「援交はお父さんも知ってたと思います。でも私、家にお金入れてたから。バカすぎて私立の高校しか受からなかったから、お父さんからは〝入学金百万円、俺に借金な〟って言われてて、毎月交通費一万円、学費三万円、家に四～五万円入れてたのかな。ケータイ代も全部自分で払ってたんですけど、当時のケータイ料金は高かったので十万円超えてたりするのを自分で払ってました」

十代にして、筆者の現在よりも二段階は大人の生活力である。

「当時が一番稼いでたと思う。朝学校行く前に一人援交して、放課後はとんかつ屋さんでバイトして、帰りにまた援交して帰る」

援交で金銭感覚がマヒしているわけでもなく、とんかつ屋が入ってくるところに一生懸命さが伝わってくる。

「彼氏は高二くらいでできて、新聞販売店を経営してる三十四歳くらいの人でした。彼氏も忙しかったから、月一くらいしか会えなくて、それ以外の時間は全部援交して（笑）」

彼女の事情を聞けば、誰がこれを素行不良だといえるだろうか。

「その時はヤリマンだって思ってなかった。ビジネスだから。お姉ちゃんもやってたみたいだから、連携して性病の病院を紹介してもらったりしてましたね」

話の中で、いきなり登場した姉もまたヤリマン女性であった。

そんな亜希子嬢ではあるが、彼女にとってセックスはビジネスだけかと思えば、やはりまだ

高校生らしい（？）青いエピソードもある。

「その時は自分的にはなぜかスカートにザーメンを付けているのがステータスで、同級生に『亜希子ちゃんまた精子が付いてるよ！』って言われてるのがカッコいいと思ってた（笑）」

普通の高校生からは、ベクトルがズレまくっているが、どこか中二病の匂いがしてなぜか共感できる話である。

そのまま高校を卒業した亜希子嬢は、なんの躊躇もなく自らの体を使った仕事に就いた。

「なんとなく《学校出たら体売る》って決めてたから、駅前にいたお兄ちゃんにどうしたらいいか訊きに行きました。そうしたら〝ＡＶとソープどっちがいい？〟って言われて、私が〝平日は昼の仕事してる〟って言ったら〝じゃあＡＶ行こう！〟ってＡＶの事務所に突っ込まれて。十八歳で面接に行って、そのままデビューしました。企画女優（企画性の強いＡＶ作品に出演する女優）だったので、色々な現場がありましたけど楽しかったですね。結局最初の頃はあんまり仕事なかったんでソープやりながらでしたけど」

ただのＯＬと紹介したが、実はそこそこ名前の売れているＡＶ女優でもあった亜希子嬢。

「ＡＶは三年くらいやって、その頃にはわりと売れてたんですけど、お金も貯まったし、彼氏と結婚しようと思って辞めました。その時に付き合ってたのが現場で知り合ったＡＤさんで、〝仕事か彼か？〟で彼の方を取りました。でも三カ月後に顔にラメ付けて帰ってきて、浮気がわかったので別れました」

彼女のここまでをまとめると十四歳でセックス、十五歳で整形と援交、十八歳でソープランド勤務とＡＶ出演、二十一歳で婚約とＡＶ引退。そのスピード感は中村あゆみの『翼の折れたエンジェル』の比ではない。

「ＡＶ辞めてからはソープに戻って、同時期にＳＭクラブにも入りました。その後はＳＭのショーなんかにもモデルで出ましたね。最初に働いたのは地元の方の堀之内だったんですけど、その頃は東京に出てきたので吉原の店にも行きました。お姉ちゃんが吉原の店でナンバー１だったので、〝変な店に行くと困るから〟って言われて同じ店にしました」

そのお店では、姉妹揃って大人気のソープ嬢となった。

「お姉ちゃんも整形してたけど、顔は似てないです。今はもう金持ちの旦那見つけて引退したんですけど、働いている当時もタンス貯金で一千万円とかあった（笑）。カップラーメンとかしか食べないから全然使わないんですよね。ちなみに三姉妹の一番下の妹はキャバ嬢で、『この子はソープ嬢にならなかったな～』と思ってたら私が最初に勤めたソープのオーナーと結婚した（笑）。滅茶苦茶な縁ですよね」

仲がいいというだけではとてもくくり切れない因果を感じさせる話である。

さらに亜希子嬢には、今まで紹介してきた公式のキャリアとは別に、裏の個人営業のキャリアもあった。

「愛人は十八歳くらいからやってて、最初は愛人紹介業者みたいのから知り合ったんですが、今もお小遣いをくれる人は七人くらいで、一人あたり月に五万円～十万円くらいくれてる」

つまり彼女は、十五歳から現在に至るまで、「月収が五十万円を切ったことがない」女性な

のだった。端からみればその病的ともいえる売春体質は、幼少期の家庭環境に原因があると自覚している。

「リアルにいうと、家庭の借金ですよね。父親が会社の経営に失敗して潰してからは、ホント貧乏だったんです。毎日モヤシをチンして食べてたのがコンプレックスで、原動力になってると思う」

彼女の渇望感は対人関係にも顕著で、金銭を介さない男女の関係も、やはり病的なレベル。

「AVも風俗もセックスは楽しいんだけど、主体は私じゃないから、合わせなきゃいけないというか、どこかでストレスが溜まるんですよ……〝なんか私のセックスじゃないな〟って」

風俗勤めをしても、AVに出演しても、その日のうちに自分のセックスで塗り替えるような生活を送っていた。売れっ子ソープ嬢の時に一日に十人を相手にした時でも、プライベートでのセックスは欠かさなかった。彼女曰く、「セックスのストレスはセックスでしか解消できない」という。

その結果、気が付くと二十代半ばでセフレや愛人がもの凄い数にまで膨らんだのである。

「セフレはバンドマンが多かったんですけど、数えたら最高で二十三人いましたね。その時の彼氏から〝男関係を整理しろ〟って言われたんで一緒に数えていったら二十三人もいたんです。その時はさすがにビックリしました（笑）」

彼女のいう愛人とは以下のような男性を指す。

「年齢層はだいたい三十代後半〜五十代くらい。元々は風俗のお客さんで、私が〝辞める〟って言った時に〝外で会えない？〟って言ってきた人と交渉して、時間とお金の条件を決めて会ってます」

極めてしっかりと定義されているが、フリーの風俗営業のような形態だ。

「やっぱり仕事ですね。一応〝いい人だな〟って人としか会ってないけど、別に恋愛感情はないです。でも、その時間内は好きになろうと努力しますよ、自分を高めるために〝好き〟〝愛

してる〟って言います」

これもどこかのビジネスシーンで聞いたような、《できるサラリーマン》の発言のようだ。まずは仕事を好きになることが第一歩。

だがその《仕事》のせいで、最近セフレは減っているという彼女。若い頃はプライベートで塗り潰さなければ気が済まなかった仕事でのセックスに、変化が起きているというのだ。

「今は愛人とのセックスも、全部気持ちいいんですよ。〝この人のこと好き、こんなチンポ咥えて幸せ〟って思ってるから、自然といいセックスになります。その人のよさをどこかに見つけて興奮してるから、相手が誰でもいいんですよね……」

そんな幅広いセックスと経済活動を続け、なんと昨年、三十過ぎで結婚したという亜希子嬢。

「体売り続けて十数年で、今年やっと上がりました」

しかし旦那とはセックスもせず、引き続き愛人やセフレとの関係は続けているという。

「お金くれてる人が愛人ですかね……定期的な人だと、今は太いのが三人で、細いのは四人くらい」

エロ話故にややこしいのだが、ここでの「太い」というのは毎月決まって会う人のことで、アレがという話ではない（念のため）。それにしても、相変わらず《七人の愛人》がいるという亜希子嬢。

それでいて、「恋愛の相手は一人だけ」というが、それを、《一途》といえるのだろうか。

「恋愛の相手は不倫の人で、向こうも不倫だからダブル不倫になっちゃいますよね」

しかしこのいびつな異性関係も、彼女にとってはずっと変わらないスタイルなのである。

「愛人稼業か、風俗はずっとしてる。今のところお金をくれる人がいなかった環境にいたことがないので……」

そんな彼女にとっては、《浮気》の概念はどうなっているのだろうか？

「私的には、ソープで働いていても、浮気じゃないですよね。今までの彼氏でも、一応付き合う前に自分の職業を言って、〝それでもいいなら〟って確認してきたので」

一方、彼氏の浮気には、かなり厳しい線引きをしている亜希子嬢。

「男の浮気は許さないよね。風俗に行くのもイヤ。自分から娯楽として楽しむのは腹が立ちます（笑）。仕事でセックスする分にはいい。極端なことをいうとＡＶ男優さんとかがセックスするのは許せる。仕事にしてるんだったら私も気持ちがわかるから全然いいんです」

この辺の感情も、多くの男性の感覚に近いような気がする。

「だから私には彼氏が二人いることはないんですけど、彼氏とセフレが同時にいるっていう関係はありますね。だからセフレに〝彼氏いますよ〟っていうのは伝えて……」

もうほとんど理解不能だが、《夫》《恋人》《愛人》そして《セックスフレンド》という第四の階級までが存在する彼女の世界。

「今は旦那と彼氏と愛人ですかね（笑）。セフレは最近……できそうなんですけど」

四つの階層の男たちを管理する女なのだ。

「結局、楽しいんですよね。一日に何人もの人とセックスするっていうのは普通。風俗だってそうじゃないですか？　ゲームと同じですよ、〝こなしてる自分カッコイイ！〟みたいな。《今日何時に誰々》ってメモして、ヤッてくのが気持ちいい」

これはフリー稼業の筆者は納得してしまう感覚なのだが、仕事の依頼と他人から求められているという感覚には、金銭以外の、精神的な充足感があるものだ。

「そうですね、〝わぁ〜、もうしょうがねぇなぁ（笑）〟って感じで求められてるのが気持ちよかったのと、それをこなしてる自分が……やり遂げた時に達成感があるじゃないですか？」

このゲーム感覚が彼女のセックスへの原動力でもある。

恐らく仕事込みの経験人数で、一万人超という亜希子嬢。やはり普通の性生活では満足がで

きないようになってきたという。

「変態が好きっていうか、私が知らないセックスとか性癖の世界が知りたいですね。探究心なんだと思う。最近の珍しい人では、もう八十歳近い音楽関係の人で、いつも持ってくる台本を朗読するだけって関係の愛人もいましたね。ホテルに持ち込んだ凄い機材をセッティングして、私の朗読を録音するんです。もうおじいちゃんなんで、読んでるとだいたい寝ちゃうんですけど、終わったら起こしてあげて、その後お風呂でおしっこぶっかけて、バスタブに浸けてあげるって感じでした（笑）」

なんとも滋味深い関係である。それにしても、そんな幅の広すぎる性癖の海を泳いできて、彼女が思うセックスの上手い男とはどういうものなのだろうか。

「流れが合うというか、セックスに入るまでの入り方だったりとか。やっぱりセンスがあると思うんですよ、天性の才能っていうか。私これだけヤリまくってたけど、全然モテない男の子のセックスにどハマりしちゃったこともある。その子全然ヤリチンとかじゃないんですけど、めちゃめちゃ上手かったんですよ。全然モテないのに凄くて、それにちょっと感動した。〝こ

の人はノーマルセックスでも全然イケる！〟って。その……流れ？」

想像するに恐らくは、《繋ぎ》や《連携の上手さ》のようなものだろうか。

「連携の上手さ、そう!!　なんかセッションしてるみたいな。〝あー、そういう音出す？〟みたいな感じですね。初めてだっていうのに、〝えっ、バンド組んでました？〟みたいなセックスをするから凄いなって思った」

なお、他のヤリマン女性たちのように一回ならセックスをすることはそう難しくないという亜希子嬢だが、彼女が男性に求めるものはかなり高い。

「見た目で好きになってくる人は、〝あ、コイツやりたいんだな〟って思って一回ヤルけど、それはそれっきりだもん。私、もう自分のものになると飽きちゃうんですよ。だから、手に入らない人。私を雑に扱って私を好きにならない人。私が〝なんで一番になれないの!?〟ってなっても〝うるせえよ〟〝どうぞお帰りください〟っていう人が好きなんです」

ここまでのいかつい経験をしておきながら、プライベートではドマゾ宣言なのである。

「〝どうせオマエは戻ってくるんだろ？〟〝ああ、私のことわかってる！〟っていう人がいい。そういう人とのプレイってたぶん何しても気持ちいいですもん」

いくら経験人数を重ねても、手に入らないものがあるから、彼女は求めてしまうのだろう。いくら整形をしても、年齢を重ねても、結婚をしても、恐らく子供を産んでも――。

「精神的なＳＭがしたいんですよね、私は。肉体的に叩かれて痛いのは当たり前だし、どちらかといえば内面的に支配されたい。辛くて逃げたくても、大人なら物理的には逃げられるじゃないですか。いつだって帰れる。でも心は帰れてなくて、まだそこでめちゃめちゃしばかれてるっていうのがいい」

亜希子嬢の珍しいところは、誰よりも特定のパートナーを必要としているのに、どんどん「その他大勢」との関係が増えていくことだ。

「愛が深くて、求めるものがオーバーして、それが叶わないから他の人にいっちゃうのかも」

目標を《叶わないもの》に設定しているところからして自明なのだが、そのあたりも極めて共感しやすいというか、男性にはある程度理解できる考え方なのではないだろうか。

現在、彼女は一人の男性との交際に没頭しているために「そんなにヤリマンじゃない」と言うのだが、もちろんその彼氏以外にも、愛人とも、セックスフレンドともセックスを続けている。

「金銭が発生してたら、セックスじゃないと思う……仕事だもん」

男らしい逃げ方ではある（笑）。

筆者がよく書くことだが、ヤリマン女性と中年男性で、話が通じやすいということは、きちんとした理由があるのである。

ちなみに彼女の取材を最後にしたのはもう二年ほど前になるのだが、当然のように婚姻関係は終わり、だが現在も当然のように複数の性関係を回す生活をしている亜希子嬢であった。

第八章

れいな

「足立区で《ヤリマン》と言ったら、ウチの家族のことだってすぐバレますよ」

「ヤリマンは遺伝するのか？」この誰も見向きもしない命題の解明に、十数年にわたって心血を注いでいるのは、世界広しといえども、筆者くらいのものだろう。そして現在のところ筆者が辿り着いているその回答は、「する」のである。その根拠とされる一人が第四章に紹介したベティー嬢であるが、彼女が西の代表なら、東の代表はこの章で紹介するれいな嬢だろう。東京二十三区の右半分、下町が誇るディープゾーンこと、足立区出身のれいな嬢。その血統は、母と自らだけでなく、四人いる全ての姉妹にまで受け継がれているという。

「足立区で《ヤリマン》と言ったら、ウチの家族のことだってすぐバレますよ」

なんとれいな嬢は、そんな《ヤリマン四姉妹》の次女だったのである。

そんな彼女の性の目覚めはごく一般的な年頃。

「子供の時からエロ本でオナニーしてました。上に一人お姉ちゃんがいるんですけど、親が再婚して三歳の時にできた姉なんですよね。その頃から、私はおばあちゃんちによく預けられてたんです。そこでお母さんの弟、叔父さんのエロ本を小学生の時に見つけてオナニーを始めました。なのでセックスにはずっと興味がありました」

彼女も複雑な家庭環境で育った一人であるが、やはり幼少期から自由度が大きい方が、性体験も早まるように思われる。

「お母さんはよくフィリピン人に間違えられますけど、私も地黒だからお母さんに似てるんです。私だけお母さんの連れ子で、他の姉妹とは血が繋がってないです。お姉ちゃんはヤクザがらみの悪い人と結婚したんだけど、〝自分も捕まっちゃうから〟って離婚しました。三女の妹は北千住のキャバ嬢で、ヤリマンっていうかすぐ結婚しちゃう。高一で家出したと思ったら子供産んで帰ってくるし、今は子供三人います。長女と三女は今のお父さんの連れ子。もう一人二十歳そこそこでバツ2の妹もいるので、四姉妹です」

驚くべきは、ヤリマンの血脈は四姉妹だけのものではないこと。

「実のお父さんもヤリチンで生まれも育ちも生粋の足立区ですね。お母さんは足立区出身じゃなくて、大阪からやってきたヤリマン。この間ご飯食べた時に〝ママはヤリマンじゃないよ、好きになった人としかヤッてない〟って言ってたから〝好きになった人が多いんじゃない？〟って言ったら〝そういう時もある〟って。ここ十年くらいは〝愛人の人とだけ〟って

言ってました」

四姉妹全員が全員、男好きのする器量よしで、全員が風俗勤務経験を持ち、全員がヤリマン。そして自ら《四姉妹最強》を自負するれいな嬢は、高一での処女喪失以来、絶えずヤリマンと呼ばれ続ける人生だ。

「高校の時にはもうヤリマンって呼ばれてイジメられてましたからね。トイレ入ってたら外から〝ヤリマンと同じ空気吸いたくね～よ！〟って同級生に言われて」

そんな彼女でも、セックスのよさがわかるまでに一年を要したという。

「初体験は高校入ってすぐ。興味がありすぎて早くしたかったんです。相手は十五歳の時にナンパされた森田剛に似た人です。バイトの場所が足立区のナンパスポットのひとつで、ナンパされた人についてってとりあえずしたけど、気持ちよくなるまでに時間がかかりました。セックスのよさに気付いたのは四十人～五十人くらいヤッたあとですかね。ナンパとか出会い系で知り合った人とヤッてた頃です。地元の高校生とはヤラなかったんですよ。でも出会い系で知

り合った人がその当時の彼氏がいたグループの子のお兄ちゃんだったことがあって、その後凄いハブられたことはありました。それからは《一グループでセックスするのは一人》って決めてました。これはバンドのメンバーの中でもそうですね。高校の三年間で三百人くらいヤッたと思います。お姉ちゃんたちは足立区っぽい荒い男が好きだったんだけど、私はバンド系が好きだったので、あまり周りには手を出さなかったですね」

「あまり手を出さなかった」という発言ながら経験人数は三百人という数字だから、末恐ろしい。彼女が高校時代を送った二〇〇〇年代初頭、足立区のナンパ事情はそれほどに活況を呈していたのだという。

「足立のナンパは凄いです。綾瀬のぽっぽ公園（鳩公園）と竹ノ塚駅のロータリーが有名で、仲良かった女の子がみんな竹ノ塚に近い高校だったので、タケツカ（竹ノ塚のこと）に集合して、お金ないから駅前でダラダラして待つんです。その時流行ってたサークルの総代表の偉い人が私に声をかけてきたこともありましたね。それで連絡先交換したら、他のみんなからハブられましたけど。私が凄い綺麗でもないのに常に男がいたからムカついたんじゃないですかね。私、昔は可愛かったんですよ。あと男の人にマメで連絡もすぐ返すし、お弁当作ったりも

します」

家庭的であるが、ヤリマンであるだけに、あまり主婦には向かないというパターンは、第一章のチアキ嬢の項でも紹介した通り。

その後、彼女の出会いはナンパから合コンへとシフトしていった。

「合コンやってたのは、十八歳くらいから二十四歳くらいまでかな。足立区では合コンはやってないです。相手は、バンドマンとか芸人とかですね。主催する女の子と仲良くなって呼んでもらうとか。その頃、オカマのバンドマンがやってた店でよく飲んでいたので、その人がバンドマンをいっぱい呼んでくれたり。バンド界隈にもヤリマンがいて、『あやまんＪＡＰＡＮ』みたいな人たちが出入りするところに片足突っ込んでました。合コンをやるためのチームみたいなのがいっぱいあって、私より一個上の年代の人たちには伝説のチームがあって、自分たちがセックスしたバンドマンたちを対バン（バンドがライブで共演すること）させて、チームの人達は関係者として控室にいるんですけど、自分のチームの女の子たちを並べてバンドマンたちに〝好きな子選んでいいよ〟ってやるんです。私フットワークも軽いし、そこでも〝行

け！〟って言われればいってました」

後輩芸人に女性をアテンドさせたとして、大物芸人の下半身事情がニュースとなっている昨今であるが、その真裏の音楽業界で、ヤリマン女性主体のアテンド社会があったとは、誰も予想だにしない真相である。

「高校生の時には有名人と３Ｐもしました。そのうちの一人はＪのＫくん。超金持ちみたいなヤツを出会い系で捕まえたらスポーツカーに乗ってる二十歳くらいの子で〝俺Ｊなんだ〟って言うから〝はいはい〟って聞いてて〝もう一人友達連れてっていい？〟って訊かれて、まさか三人でセックスするとは思わないから〝いいよ〟って言ったら、ホテルにもう一人入ってきてヤッたんですよね。でも私若い頃からずっと働いてたし外で遊んでたから、テレビ観てなかったんです。で、ある時『ザ・テレビジョン』見たらそいつがいて（笑）。それから一年後くらいに池袋で撮影してるところに出くわして、向こうも気付いてお互い〝お……〟みたいな。騙された３Ｐだったんでよく覚えてます」

さすがに東京を股にかけたヤリマンだけに、芸能関係の話題にも事欠かないれいな嬢。

ミュージシャン界隈の逸話も多すぎて、ここには書ききれないほどなので割愛する。
そして高校卒業後は友人に倣って、ごく自然に風俗嬢になったれいな嬢。

「竹ノ塚のキャバクラで仲良くなった子がデリヘルに行くって言うから、私もついていって。最初から抵抗はなかったし、一発目の客で本番に誘われて、〝店ではダメって言われてます〟って言ったら十七万円貰ったの。それでビックリして〝最高かよ！〟って思いました。私が十八歳くらいの時のデリヘルは、〝本番は十万〟って言ってもくれる人がいましたよ。今も、客とのセックスで全然感じてます。ちなみに、私の興奮度マックスは、フェラチオしてる時ですね」

という天性の適性を発揮し、後のさらなる活躍へと繋がってゆく。

二十歳を過ぎ、ソープ嬢に転職後は約十年で五千人を超える体験を積み上げる一方で、プライベートでも毎日違う男を求める日々を送っているれいな嬢。

「セックスって最初と二回目くらいがドキドキするじゃないですか？　だから新規、新規で毎日違う人とエッチしてましたね。ちょっと男っぽいのかもしれません」

完全に男性脳の、狩猟民族のようなセックス願望で、既に一万人以上と関係。

それでいて、れいな嬢の場合は、常に特定の彼氏がいるという。

「浮気がバレたのは、最初の彼氏の時だけですね。その時、三股してて、彼氏とナンパされたサークルの人と、バイトしてたキャバクラのボーイ。友達にバラされて、本命の彼はクリスマスの時にセックス終わって寝てたらケータイ見られて、〝やっぱりか、こんな汚ねえ金で買ったプレゼント要らねえ！〟ってマフラーを窓から投げ捨てられて、泣きながら帰って。帰ったらサークルの彼が家にいて、〝彼氏いるんでしょ？〟ってそこにもバラされてて。もう一人はボーイさんで、私が遊ばれてたんだけど、一緒に貯金してた十万円をパチンコに使われてたのがわかったんで、お姉ちゃんの彼氏だったヤクザと一緒に乗り込んで、五十万円取った（笑）」

債権の回収法が強烈すぎてなんの話だったか忘れてしまうほどだが、とにかく、異性との交際が始まって以来、ずっと浮気をし続けているという彼女。

「最近は、自分から声をかけるようにしてます。ヤリたい人に〝ヤリたい〟って声かけないとヤッてもらえない年齢になってきた。二十代後半になってきた時に待ってるだけじゃダメって

思いました。向こうも三十歳くらいだと飢えてもないし、ヤリたい時は〝一緒に帰れる？〟って訊きます。昔は合コン行った時はトイレに行ったら出てきたところで〝この人いいな〟って思った人が必ず待ってたんですよね」

さらにれいな嬢の場合、アルコールも好きであるために、かなり激しいエピソードも多いのである。

「最近は物忘れがひどくて、どこかの飲み会で〝この前エッチした〟って人に会って、全然記憶に無いから〝ウチどこか知らないでしょ？〟って言ったら、その人私の家の場所知ってて〝私全く知らない人とエッチしてる！〟ってぞわっとしましたね……。最近も新宿歩いてたらスカウトに声かけられて〝誰ですか？〟みたいな。〝オマエんちでエッチしたじゃん〟って言われて〝家どこか知らないでしょ？〟って言ったら〝オマエ○○の上に住んでたじゃん〟って返されて〝本当に家に来たことある！〟って驚いて〝また知らない人とエッチしてる！〟ってそれでまたぞわっときました。若い時は毎日違う人とエッチしたかったんですよね……新しいものがよかった」

記憶を超えてまで貪欲に、セックスを求める理由は、やはりその《血筋》なのかもしれない。現在は結婚して、風俗勤務も続けているれいな嬢。三十代になり、セックスについてはどのように変わったのだろうか？

「全然気持ちいいです。仕事でも気持ちいいし、若い時は〝キツいな〟って思ってたようなおじさんでも大丈夫です。〝いいから舐めて〟って感じです。でも、ちょっと飽きてきてはいますね、旦那にも飽きてきてます。でも、飽きてきたから〝結婚してもいいかな〟って思ったんだと思います。結婚するってなったら周りが〝結婚するの？　嘘でしょ？〟みたいになったんです。歌舞伎町の飲み友達にも〝オマエ、（男は）一人でいいの？〟って驚かれたり（笑）。でも、ソープで働いてれば毎日違う人とヤレますしね」

足立区を代表するヤリマンともなれば、結婚するだけで周囲はこんなにも大騒ぎなのである。

――旦那さんに風俗を辞めるよう言われたりしなかったんですか？

「そういう人とは付き合えない。〝じゃあお金払って〟ってなる。私が好かれるのって、面倒

くさいことも言わないし、料理も上手って言われるし、炊事洗濯も全部するし、マッサージもするし、セックスも好きだからじゃないですか。家に帰って来たくさせる人なんだと思います。それはセフレに対してもそうなんですけど、相手が〝疲れたな〟ってなって来た時に呼ばれてますね」

夫にとってはいい妻であるれいな嬢はまた、他の誰かにとってもいい妻なのである。

ではこのあたりで、この章のテーマである家族の系譜について訊いてゆこう。

――家族がヤリマンだと気付いたのはいつですか？

「高校の時くらいですかね。お姉ちゃんは中学くらいの時から下僕じゃないけど男を何人も連れ歩いてました。私が風俗始めた時も、お姉ちゃんは〝ヤクザから頼まれて草加の風俗の店長をやってる〟って言ってて、凄い金の羽振りもよくて〝コイツ怪しいな〟と思ってたんです。それで〝私、横浜に一人暮らししてて風俗やってるんだけど来る？〟って言ったら〝行く行く〟って言ってそのまま一緒の店で働くようになって〝やっぱやってたんじゃねえか！〟って（笑）。そこからしばらくは一緒に住んで一緒に出勤してましたけど、お姉ちゃんは店の人とも

ヤッてて、みんなから気に入られましたね。凄いメンヘラなんですけどね。売上は私の方が稼いでましたけど、お姉ちゃんは最低限稼いであとは養ってもらってましたね。下の妹は結婚した男もクズみたいなヤツで、妹が働いてる間に、妹の家に用事があったので行ったら、中学生を連れ込んで家でダラダラしてて。〝何コイツ、ヤバイでしょ〟って思ってました。妹の方は一途なんですけどね……。一番下の妹はお姉ちゃんに似てて口は悪いし自分が可愛いことがわかってるから、一番性格悪いですね」

では、母親がヤリマン女性であると気付いたのはいつ頃なのだろうか？

「物心ついた時には実の父はいなくて、三歳くらいの時に大阪のおばあちゃん家に一人で預けられてて、お母さんが再婚して中学の頃から足立区に移ったんですけど、その頃からお母さんはいたりいなかったりしてたんで、出会い系みたいなことをやってたんだと思います。今の愛人もそこで出会ってると思うし。お母さんの携帯が見えた時に、♥がいっぱい並んだメールを送ったりしてたので、お母さんは浮気を近場でしてないから出会い系だろうなと。その時私は高校三年生で十八歳くらいの時で、お母さんが一番下の子を育児放棄してて家がぐっちゃぐちゃになってたんです。だから私とお姉ちゃんで、お母さんのケータイを見たら出会い系専門

に使ってたみたいで〝××くんのオチンチン待ってるよ～♥〟みたいなエロメールばっかり送ってるし、カバンからはバイブとかSMの縄だとかアナルバイブが出てきて、ひどいのは私の高校の制服までが出てきて……もうそれを見たら情けなくて、お姉ちゃんと二人で大泣きしちゃって。お母さんに〝育児放棄も男遊びもやめて！〟って言いに行ったら〝オマエたちにはわからないわよ！〟って泣きながら言われて。その時はさすがに〝コイツヤベエ！〟って思いましたね」

人間の本質について考えざるを得ないような凄まじい人間ドラマであるが、これこそまさに足立区のヤリマン姉妹に流れる血脈をもの語るエピソードである。たとえ血は繋がっていなくとも、その生活環境により確実に人間性が受け継がれていると思わざるを得ない。

「最近は彼氏もいてあんまり浮気もしてないですけど、この前セフレが名古屋でイベントやるっていうから旦那と一緒に行ったら、旦那が早く寝ちゃって。暇だからそのセフレに〝あ～、早くオチンチン欲しいな～〟ってメールしたらすぐに〝今日いけるよ！〟って返事が返ってきて（笑）。速攻でヤリに行きました。もちろん旦那にはバレてないです」

母子共通でみられるメールの能天気さも含め、《ヤリマンとは何か!?》という問いへの答えは、足立区のヤリマン一家が握っているとしか思えない。結婚を超えて彼女の人生がどのようにうねり始めるのか、引き続き調査を続けていきたい魅力的な取材対象である。ちなみに、れいな嬢の予定では、その四姉妹最強の遺伝子が三代目に引き継がれる予定はないとのこと。

「高校時代のバイトメンバーで仲よかった子二人がバタバタっと結婚して子供ができたから、焦って私も結婚したんだと思います。でも私は子供ほしくないですね……。この遺伝子は残しちゃいけないと思います（笑）。お母さんも口悪くて、道行く人に〝アイツ、デブなのにあんな短いスカートはいて恥ずかしくないのかな〟とかデカい声で言ったりします。《気付かせてあげた方が親切》って考え方なんですよね……ちなみにお母さんは五十歳で、元々はお嬢様なんです。おじいちゃんの家が金持ちでお金のないお父さんと結婚したけど、自分で働こうって意識は低いんですね。だから私がソープで働くって言ったら〝いいけど、ママ仕事辞めていい？〟って言われるくらいでした。〝娘が働いてくれてラッキ～！〟って感じの人ですね」

前出のベティー嬢の家もそうであるように、れいな嬢の家庭も、男性の存在感が感じられない《女系家族》である。そして、そこには男性が中心に座る家庭にはない不思議な力強さがあ

るように思われるのである。

第九章

レイ

「家がずっと
ヤリ部屋になってます。
休みの日は、常に誰か
男がいる、みたいな（笑）」

相手の容姿は問わず、誰とでも一度はセックスするというヤリマン女性は、本書でも何人か紹介している。だがそのタイプは、ヤリマンの中でも求道者というか、セックスに対してどこか悟りを開いたような大人の女性が多かった。だが、今回紹介するレイ嬢は二十八歳という若さにして、見た目を全く問わないどころか、プレイでも《NG無し》と言ってのけるという、久しぶりに現われた《大型若手ヤリマン》なのである。

そんな若きホープが生まれたのは関西の地味目の某県。家庭は一般に比べても裕福だったが、少しいびつではあったという。

「父がお医者さんというか、開業医です。でも家庭円満ではないです。父親がバグってるんですよね。今流行ってるじゃないですか、《ヤラない不倫》みたいな。おんなじ職場の女の事務の人。もうおばさんなんですけど、普通だったら不倫バレたくないから連れてきたりとかしないのに、何かの拍子で喧嘩して家に連れてきたりするんです。それで母が〝出てってください〟とか逆上して追い返す。私はトイレにこもってましたね、怖いから。あとは二つ違いの弟がいます。家は経済的には豊かなんですかね……まあお金に困るとかはなかったです」

学校ではごく普通の存在だったというレイ嬢。

「普通です。ちっちゃいから目立たない。中学校一年生の頃まで一一〇センチほどしか身長がなかったんですよ。先生から病気を疑われて親に連絡がいったりしたんですよ。そのあといきなり身長が伸びて今一四五センチなんですけど、小さすぎてちょっとだけ有名でしたね（笑）。学級委員みたいなのもやらされてたりして、わりと明るかったです」

男性を意識するようになったのもごく普通で、中学生の頃。

「中学校一年生の時から彼氏がいたんですよ。中学生のノリみたいな。〝オマエらめっちゃ一緒にいんじゃん、付き合えよ〟みたいなのがウザすぎて、学校中みんなに知られて、先生とかにも言われるくらいの。だから相手も〝もううるさいからそれでいいよ〟みたいなので付き合いました」

ここまではありそうな話なのだが、この先は《ない話》しか出てこない。

「その彼氏とはヤッてないです」

周囲がやいのやいの言うので彼氏彼女を演じていただけなのである。では、セックスをするようになったのは……。

「中学二年の時ですね。もう中学校を卒業してる地元の二つ上の先輩。高校を途中で中退した人で。不良かどうかと訊かれたらまともではないけど、でも田舎なんで、暴走族みたいなのじゃないないです。今はどうしてるか知らないですね。学校行きたくないって人で、その先輩と遊んでるのが楽しくて、二～三年ぐらいヤッてるだけの関係でしたね」

不思議なのは、そこまで性癖が一致していながら、二人が付き合っていないということだ。

「そのセフレとは別に付き合ってないです。その人も別に彼女とかいたし、私も高校三年生の終わりまで、最初の彼氏と付き合ってたんで」

彼氏とは一度もセックスしないまま六年間付き合い、その状態でセフレとありとあらゆるプレイを続けながら三年間を過ごしたというのだ。

「彼氏には性欲が湧かなかったんです。凄い奥手な人だった。だから〝つまんな〜〟って思って。一回ヤッたらわかるじゃないですか、〝あ、セックスってこんな感じなんだ〟って。私は、セフレとのセックスで、それがわかっても彼氏とはヤリたいと思わなかったんです。だから結局は、その彼氏とシンプルにヤリたくなかったんだって。なんか可哀想だけど（笑）」

レイ嬢の気持ちも性体験についても、何も知らなかったであろうその彼氏は、律儀にも別れを切り出してきたのだという。

「最後は私がフラれたんですよ。彼、野球部だったんですけど、〝マネージャーが好きだから別れてほしい〟って言われました。まあ悲しくはなかったですよね（笑）」

その彼氏がこれを読んだらひっくり返ることだろう。しかも、彼女の《NG無し》という性癖は、なんと彼氏の裏でヤッていた初体験の相手からの話だったのだ。

「その人も探究心が凄くて、いろんなことを試しました。ＳＭ的なこともやったし、それこそお互いのウ〇コ食べるのも一緒にやりました。聖水とかもやりましたし、ＡＶ観て、〝あっ、

ちょっとこれやってみよう！〟みたいな。料理番組見て作ってみようと思うじゃないですか、それと一緒ですね」

そこまで性癖が合っても、決して付き合う気にはならなかったというのが、この世代という感じである。

「付き合うのは嫌だって、たぶんお互い思ってた」

《セックスと恋愛は別》というか、彼女にとっては、《恋愛関係はセックスの邪魔》という感じだろう。そのセフレとヤッている期間も、他の男性ともヤッていたのである。

「みんな同じクラスとかで文化祭とかいって仲良くなるじゃないですか。その後も一緒ですよ。普通に遊びに行ってヤッて、ヤッた後に〝付き合ってるよね？〟って言われたら〝えっ、付き合ってないよ。だって私彼氏いるもん〟って」

なんの意味もないと思われた《一度もセックスしたことがない彼氏》は、彼女が誰とも付き

合わないために必要だったのである。

「隠してないから、友達とかにも〝彼氏いる〟って言ってるし。彼氏いることはどっかでたぶんみんな知ってたんだけど、違う高校だから〝ヤッたらワンチャン別れるんじゃねえか？〟みたいに思ってたんでしょうね」

――セックスしても、好きになったりしない？

「しないですね」

――それが凄くいいセックスでも、好きにならない？

「ならないです」

あらゆる男性の想像を遥かに上回る、快楽主義でハードボイルドな立ち居振る舞いである。

その後「大学受験のために」前述のセフレをはじめ、セックスとは遠ざかったというが、無

事関西の名門私立大学に合格した後は、ヤリマン活動に戻った。

「もうそのままヤリまくってました。学校の中では私がヤリたいなっていう人があまりいなかったんで、マッチングアプリの『Ｔｉｎｄｅｒ』でめっちゃ会ってました」

彼女が思うヤリたい男性像とは、どのようなものなのだろうか？

「雰囲気です、雰囲気。いろんな人にどういう人がタイプなのかめっちゃ訊かれるんですけど、マジで会って喋らないとわからないです。〝無理だわ〟って帰ったこともあるし。顔が〝これがいい〟とかはあんまないんですね。歳もあんま関係ない。だいたい年上が多いですね。その時だって、まだ十代とかだったので、それでも相手が二十六歳までくらいでしたね。でも、自分が社会人になってからは、〝学生に手を出すヤツって本当にキモイな〟って思うようになった。社会人になってから学生に手を出すヤツってシンプルにヤバくないですか？」

では、何を求めてセックスをし続けているのか？

「とにかくセックスが楽しかったし、いろんな人とヤリたい。でも、ご飯食べに行くの面倒臭いなって。ワンクッション挟むのがダルいなって思ってきて。だいたい最初は『飲みに行こう』とか言われるから、〝じゃあ家に呼んじゃえばいいんだ！〟ってなって、そこからは家がずっとヤリ部屋になってます。休みの日は、常に誰か男がいる、みたいな（笑）。でも家に入れちゃうとどんな気に入らなくてもヤルしかない。だから、もう嫌な人ともヤッてきてるんです（笑）」

現在は会社員として働いているレイ嬢だが、その前に持ち前の探求心を活かした職業に就いていた時期もあった。

「就職したくなくて、〝卒業しても本当に何もやりません、でも一年遊んだら絶対に就職します〟って。だから一年は何もしてないです。その間もそれこそＳＭクラブとか、いろんなバイトはしてたんで、収入はめっちゃありました」

――風俗は、やるのに抵抗なかったですか？

「ないですね。なんかおもしろい、いろんな人とヤリたいっていうのが根底にあるので、仕事でそれができる。メチャいいよ、ウィンウィンじゃん！って。最初やったのがＳＭクラブです。その前に働いてたメイド喫茶の同僚が〝風俗やるんだったら、コンセプトがある方が酔っ払った客来ないからいいよ〟って。それで行ったら、楽しかった。入ったらあんまりフルオプ（全オプションＯＫ）の人がいなくて。やっぱ排泄物系がいないじゃないですか」

――ＡＦ（アナルファック）とか聖水とか食糞とか？

「そうですね、未経験で入ったんでお店の人は心配そうでした。〝ホント、いけなかったらいけないでいいんだよ〟って。でも〝いけます！〟って（笑）」

確かに、専門性の高い風俗であるＳＭクラブへいきなり入ってきた少女が、「なんでもできる」などと言い出したら、スタッフでも怖いものがあるだろう。彼女のような幼いルックスであればなおさらである。

「私の中学校二年生からの三年間が私を助けてくれたんです。アイツのおかげで今私は生活で

きてるなって」

初体験から試行錯誤し続けたセフレとのセックスが、まさかモラトリアム生活の役に立つとは……。

こうして、若くして公私問わず《NG無し》のヤリマン女性へと駆け上がったレイ嬢。だが、その風俗嬢としてのキャリアは短かった。

「一年後には大学の学生課へ相談に行って就職しました。風俗を辞めたのは、単純に飽きたから（笑）」

このなんにでも飽きっぽい感じは年齢によるものなのか、彼女自身の特徴かは判別しにくいところだが、彼女もまた前述のチアキ嬢と同様に、誰からの誘いも断らないという《ヤリマンの系譜》を受け継いだ令和世代の女性である。

――誘われたらどのくらいの割合でセックスしていますか？

「まあ、生理的に無理、みたいなの以外は。楽しく過ごせればいいんですよね、だってセックスはやらないとわからないから。夜から朝まで一人、朝から夕方まで一人というように、一日で別の男をハシゴしてヤッています」

相手の選択もそうだが、プレイ内容でもほぼNG無しというから恐ろしい。

「SMクラブのお客さんに〝乳首にピアス開けさせてくれ〟って言われた時はさすがに断りましたけど、あとは別にないですね。今までに一番よかったのは、やっぱ同時に突っ込まれた時ですね。私、三つとも穴が使えるので三つ一遍に入るんですよ。実際そういうハードなプレイの方が楽しいですね」

では、彼女が思うセックスが上手い男性とは？

「触り方が上手い。手を触っただけでわかります。相性がいいってだけの気もしますけどね……結局は〝痛いことしなかったらいい〟ってことになります」

そんなありとあらゆるプレイに挑戦し続けてきた彼女だが、いまだにセックスという行為自体には興味を失ってはいないという。

「セックスは楽しいですね。でもなんか急に飽きがくる時もあるんです。毎日同じものを食べてたら飽きる。だから変な人の方がいいです。探究心がある人がいい。セックスへのノリが悪い人は嫌ですね。(人間の)三大欲求のひとつなのに、何我慢してるの？　うん、やるしかないよ！　みたいな(笑)。今は複数人とヤリたい。同時がいいです。男三女一とかで。隙間なく何かをされたい(笑)。この前3Pはしたけど、もうちょっと多い方がいいと思ったんです。複数ってなかなか難しくて、やっぱり男の人は嫌だって言う人が多いんです。でもヤレば意外にみんな勃つんで、諦めないでほしい(笑)」

——同じ相手とは何度もセックスしますか？

「最近ヤッた人数は増えてないですけど、一回会ってもう一回ヤルっていう人はほとんどいないです」

やはり彼女も他の多くのヤリマン女性と同じく、誰とでも一度はするが、滅多に二回しないというタイプなのである。

だが最近は、二回目からのセックスも変わってきたという。

「基本的には自分が変えるんで、向こうは変えなくていいんですよ。だいたいその組み合わせでの流れがあるじゃないですか。それが一緒でも、こっちのヤリ方が違えば違うんだろうって。たとえば『ポケモン』って一回クリアしたらもう一回やる時、新しいステージがあるみたいな……あの感じです。二周目の楽しさみたいな。だから今までやってた普通のことは、もうちょっと頑張ればもっと楽しくなるんじゃないかと」

もはや悟りの境地というか、セックスの良し悪しを相手に押しつけない、恐ろしいほどのクリエイティビティである。

「セックスでも、ノビシロがあるとめっちゃ盛り上がりますよね。〝こうしたらもっとこうなるんじゃないか〟〝ああ、この人はこうだから、こうしよう〟って。ホントに私は、セックスのために生まれてきたんだなって思います。楽しいんだもん」

ここまでセックスへ特化しているレイ嬢。それでも、恋愛感情は今まで感じたことがないというが、結婚は何度かしそうになったという。

「恋愛感情は、いまだにないです。でも私、婚約破棄って二回してるんです。相手のことが好きかって言われると違うんですが、一緒にいると落ち着くし、楽だしなって思って結婚しようと思っていました。男の人の感覚と近いですよね、でも二回とも、私が浮気されてるんです。家に女連れ込まれて、鉢合わせして〝ふざけんじゃねえよ！　もう出てって〟みたいに」

それは恋愛感情からくる怒りとは違うのだろうか？

「自分の家に連れ込まれたっていうことがムカついたのと、〝隠せよ〟っていう感情でしたね。私も浮気というか、彼氏以外のいろんな人と寝ても隠してはいるんですよ。でも、その隠そうとしてない感じがめっちゃムカついたから、〝オマエせめて罪悪感は持て〟という感じです」

理詰めで考えているところも、彼女が言う通りに男性的な感覚に近いのかもしれない。特に本人には結婚願望がないままに、結婚を受け入れているというところもシンパシーが持てる。

「今も結婚するかもしれない相手はいますよ。その人にGPSを付けられてるんですけど、このままずっと一緒にいたら結婚したいなって思っています。でも遊べる時には他の人とも遊びたい。会社行く前とかにも、バレなければヤリたいし。でも彼氏はもちろんそんなこと知らないだろうし、この本を読まれたら私死ぬかもしれない（笑）。昨日も用事でケータイショップに行く時に間違えて逆方向の電車に乗った瞬間に〝どこに行こうとしてるの？〟って連絡きて。〝クソ怖いじゃん！〟って思いました（笑）。電車を間違えただけなのに……」

彼女をはじめとして、近年の二十代の若年層ヤリマン女性にとっては、特定の男性と「付き合う」というハードルがかなり高くなってきているように思われる。確かに不特定多数、多くのセックスを求めるには、特定の交際相手は邪魔でしかないが、その感覚は若ければ若いほど顕著であるようだ。その現象からは、《結婚の準備期間としての交際》といった、中途半端な関係性が無意味化しているようにも感じられる。

初体験を機にあらゆるプレイを体験した相手にすら一切恋愛感情を持たなかったというレイ嬢は、《セックスはセックスとしてだけ存在する》という、新しい世代の代表と考えてもいいだろう。

第十章

有奈めぐみ

「私は選択権が自分にあるのがいいんだと思う」

ヤリマン女性という存在への批判として常につきまとうのは次の問いである。

「たくさんセックスすることになんの意味があるのか？」

筆者が思うにそれはある。断じてある。一度としてセックスをしてこなかった老人の話と同様に、異常なまでのセックスを超えてきた彼女たちの人生には耳を傾けるべき意味がある。その恐るべき量の性体験から産み出された《ヤリマンの言葉》は、おびただしい性体験以外では導き出せないリアリズムを備えているからだ。

そんな中でもとびきりの経験数を誇るのが、《経験人数三万人》の有奈めぐみ嬢である。現役の風俗嬢であり、その後ＡＶ女優にもなった彼女は、筆者が聞いた中でも最も膨大な数字――「三万人とセックスした」という、経験人数を誇る女性である。

「（経験人数は）高校時代に八千人だったから……」

単純計算して、三百六十五日×三年間＝千九十五日。つまり、平均して毎日七人以上の男とセックスし続けていたという有奈めぐみ嬢。

　そんな想像もつかない、別世界のような話を聞くだに、狼にでも育てられたのかと、荒んだ学生生活を想像してしまいがちだが、その実、彼女は学習院幼稚園出身の、いわゆる〝家柄のいい〟ヤリマン女性だった。そしてその家柄とは、かつてのNHK大河ドラマ『真田丸』で知られる勇猛の武将、真田信繁（幸村）の家系だというのである。

　少数の精鋭を率い、単騎家康の本陣まで突入した武功の先祖と、その身ひとつで三万の男たちを相手にしたその子孫。この場合、血は争えないというべきか。


「私は真田幸村ってよく知らないんだけど、将軍になったわけじゃないんでしょ？（関ヶ原の戦いで豊臣軍に参加し、徳川軍に敗北）うちの学校には将軍家側になった人たちがたくさんいたわけだから、それを父親は恥じていたんだと思う。負けて逃げたから（幸村は戦死）、真田を語らなかったんだと思う。だから父の代までは〝真田の名の恥じぬように〟で育てられていたんだけど、私たちには言わなかったの」

　彼女が自らの血統を知ったのは父方の祖母からだった。

「長野に松代城ってあるんですけど、祖母はそこに住んでいたみたいで。でもお城を維持する

のって大変だから、今は長野県に譲渡して入館料で維持してるらしいんですけど、私たちには〝名前言えば入れる〟って言ってましたね。行ったことないけど（笑）」

スケールがデカすぎでよくわからない話なのだが、とにもかくにも、彼女は幼稚園から中学校にかけての幼少期を、学習院で育った。

「父と母はどっちも家柄がよくて、母方の祖父は宮廷画家というか、屏風やお札の絵なんかを描いていた皇族のお抱えの絵師でした。だから、お互いライバル視していたというか、バチバチの結婚でしたね。二人は学習院の同級生で恋愛結婚なんですが、私が中学三年生の頃に離婚しました」

父の記憶として残っているのは、母親への暴力と、その不可解な友人についてだけ。

「父は、〝俺のものは俺のもの〟っていうジャイアン的な考え方だったから、自分の子供に対してもそうだったんです。たとえば、家族で外食する時に一人、いつも来ている男の人がいて、そのおじさんがいつもトイレについてくる。その時に子供をハグする時の感じじゃない、

撫で回すような抱きつき方をしてきたんで、母にそれを言ったんです。それを母が父に伝えたら、認めたの。〝俺の家族に俺の友達が何しようと勝手だ〟って」

実の父親が、ロリコンの友人に娘をあてがっていたというのである。

「あと、兄の場合は実際にそういうことがあって、父が夏に兄だけを山や海に連れていってたんだけど、そこにも父の同級生を連れてきてて、兄はその人に掘られたらしいんですよね。さすがに兄もそのことは、母に言えなかったらしいです」

複雑な幼少期ではあったが、少女の有奈めぐみは元気よく育った。よすぎる余りに、学習院を中学校で自主退学同然で去ることになった。

「素行不良で自主退学みたいな感じですね。一応〝体育教師になりたい〟って夢があったんで、体育大学の付属の高校に進学しました」

このあたりで本題の男性関係の話が始まる。

「初恋は小学校の時に普通に同級生とかとしてましたよ。沼津に行った学校の水泳合宿の時に、夜、宿を抜け出してチュッチュしてるみたいな」

ここまでだけが有奈めぐみ嬢の、常人エピソードである。

「最初に彼氏ができたのは中学校の終わりだから中学三年生。立教の同学年の人と付き合いました。彼も問題児でしたけど、スキーの特待生でした。私も中学校の時には街に出て遊んでて、金髪・コギャルだったんで、そこで知り合ったんだと思う。ちなみに、学習院内では、手を繋いでるだけで結婚前の《不純異性交遊》だって校長室に呼ばれるんです。学習院では始末書に三回ハンコ押させられると退学。私は二枚のところで、結局リーチかかってる状態で辞めました。それで、十五歳の時にその人と初めてエッチしたんだけど、場所はラブホでしたね。でも、その人が《年上キラー》のヤリチンだったので、最初から、もの凄い気持ちよかった。初めてのセックスで嫌な思いしてないから、私はヤリマンになったんだと思う」

この若き性豪が、未来のモンスターを産み出したのだ。

「その人と別れてからは〝あれくらい気持ちいい人っていないの!?〟って思いながら次々とヤッてましたね。高校生の時はずっとそんな感じでした」

一度出会った幻の名刀を探すようにして、有奈めぐみはヤリマン女性になっていった。しかも、その特殊な生活環境が、爆発的な性体験を後押しすることになった。

「免許取って車買おうと思って、高校三年生の時にバイトしてお金貯めてたんです。デートクラブとかもやりましたけど、近所のそば屋さんとかでも（笑）。それを親に言ったら〝あなたはキレやすいから運転に向いてない〟って言われて、〝じゃあこの貯めたお金はなんだったの?〟ってなって、それを一人暮らしするお金にあてたんです。あと、元々祖母との折り合いも悪かったので、親からも一人暮らしの許可が出たの。もちろん家の凄い近所だけど、それから家には一度も帰らなかった」

そして有奈めぐみの住む家は、「あそこに行けばヤレる」という噂の、近隣では有名な《ヤリマン御殿》となったのだ。

「一日に何人も交代で男の子が来て、最後の人はわりとゆっくりできるような感じでしたね。さすがに年下の子は断りましたけどね」

そして同時期に、渋谷のストリートでも、浴びるような大量のセックス体験が始まった。

「高校の時は自転車持ってると補導されないんで、わざわざチャリを持って渋谷にいましたね。終電で新宿に移動して、朝にはまた渋谷に戻ってから学校（笑）。当時の高校生は援交なんてしなくて稼げてた時代なんで、ホントにデートだけで五万円とか貰ってましたね。カラオケでオヤジの頭にチューするだけで五万円（笑）」

一九七七年生まれの安室奈美恵が『TRY ME～私を信じて～』をリリースしたのが一九九五年。一九七八年生まれの有奈めぐみが十七歳の頃である。安室に象徴される《コギャル文化》《渋谷女子高生ブーム》が真っ盛りのご時世に、東京・渋谷のセンター街は、夜通し家に帰らず遊び続ける少女たちで溢れかえっていた。バブル経済が崩壊した直後にあっても、全く商品価値が落ちなかった《女子高生》というブランド。有奈めぐみは、そのカルチャーのセックス部門における頂点の一人だったのだろう。

「基本はナンパですね。当時渋谷にいたほとんどのチーマーとヤッたりしてました。道玄坂のラブホテルで半地下になってるところがあって、ひと組が普通に入ったら道路から入れる窓からみんなを入れて、それで乱交状態でしたね。クスリをやってる子も多かったけど、私はセックス専門でした」

多い時で二十人もの人間がその部屋にはいたという。そこで相手を代えて、延々とセックスし続けた。

「あとは《ヤリビル》ですね。ハチ公前の向かいのビルの非常階段が解錠されてたんです。いつも一緒にいた友達とニコイチ（二人で一セット）で動いていたんですけど、ナンパされたらその非常階段の踊り場でお互いセックスして、終わったら友達と入れ替わってまたセックス。階段の上下でヤッてました。友達に〝無くなった！〟って言われてゴムを下の階に投げたりしてました（笑）」

ここまで聞いただけでも、八千人斬りのために必要と書いた「一日七人」というノルマが、現実的な数字になってくる。さらに武勇伝は続く。

「ハチ公前のスクランブル交差点で友達と信号待ちしてたら、目の前にワンボックスカーが停まって、チーマーが何人か降りてきて、拉致られたんです」

一九九〇年代初め頃、「チーマー」と呼ばれる若者たちが、恐喝や暴力事件など、様々な話題を提供している時代。その中心地が渋谷のセンター街であった。

「友達はかなり抵抗してましたけどね、友達に〝抵抗して殺されたらバカみたいだから、楽しんじゃおうぜ〟って言って、そいつらとガンガンセックスしましたね。そのままそいつらの溜まり場だった千葉の奥地に辿り着いたんだけど、運転席と助手席の人はまだヤッてなかったから、着いたところでその二人ともヤッて、〝こんな田舎まで連れてきやがって、送ってけよ〟って言ったら、みんなもうスッキリしてたから、世田谷の家まで送ってくれましたね（笑）」

犯罪者を犯罪者のままでは終わらせない、底知れぬヤリマンの人間力。

「それからは終電逃したらそいつらをアッシー（送迎用の友人）として呼び出して使ってましたね。文句言ってきたら〝オマエら拉致っただろ！〟って脅してました」

若くして渋谷をとり仕切るようなド迫力のエピソードであるが、そんな当時は、彼女もまだステータスや見た目で男を選んでいたという。

「ディスコのＶＩＰルームにも通ってたんだけど、やっぱり高校生にディスコ毎日通う入場料はキツいし、まずはボーイとヤッて入るの。自然と〝ヤレば言うこと聞かせられる〟って昔からの行動パターンなんだろうね（笑）。それで顔パスで入って、ＶＩＰルームの通路にいるボーイともヤッて、ようやくＶＩＰルームのトイレが使わせてもらえる。そうやってＶＩＰルームの芸能人に声かけられるところまで行ってました（笑）」

もはや、くノ一か女スパイかというレベルの潜入術で、渋谷・六本木界隈のセレブリティ、芸能人やサッカー選手などと片っ端からセックスをしていた女子高生時代であった。

そして高校卒業とともに、有奈めぐみはとある名門校に進学。

「新宿駅のホームで高校のセーラー服をゴミ箱に投げ捨てて、卒業証書と卒業アルバムを持ったまま、歌舞伎町にある『平成女学園』って風俗に面接に行ったんです。で、結局はまた衣装のセーラー服を着るっていう（笑）」

上手くできすぎたオチだが、《風俗嬢》という選択肢は、事前に決めていたという。

「堂々と風俗で働きたいって思ってたんです。高校生の頃もデートクラブに出入りしてたけど、自然の流れで風俗にしました。若い頃はオープン～ラストで、出れば一日で十五万は稼げましたね。だからそのお金持ってホストクラブ行ってドカンと飲む。ツケで飲んじゃったら翌週は鬼出勤して払いに行くとか、そういう遊び方でしたね」

羽振りのいい江戸っ子の職人みたいな生き方だが、この時でまだ二十歳そこそこ。

そしてこの店で働いて早々に、男性観が一変したのだという。

「高校生の頃みたいに、男を選んでた時は〝唾付けられてすぐ挿れられるようなセックス〟でよかったんだけど、選ばなくなってからは少し変わってきましたね。私が誰とでも選ばずにヤルようになったのは、風俗のお客さんで、《ブサイクなのに上手な人》に当たったから。〝あっ、顔で選んじゃいけねえ〟って思いました（笑）」

こうして風俗嬢としての二年目、二十歳で、《誰とでもセックスするヤリマン》有奈めぐみ

は完成したのだった。

「よく覚えてるのは、カツラがズレたまま夢中でクンニしてて、モミアゲが正面に回ってきちゃってるのに気付かないおじさんがいて（笑）、でもその人はホントに気持ちよかったんです。あとは〝ようし、舐めるぞ！〟って入れ歯取る人もいるしね（笑）。一般的に、〝自分の顔はブサイク〟ってわかってる人ほどセックスは上手なことが多い」

こうして、風俗嬢としての業務中にセックス観が一変した有奈めぐみ嬢。それ以来、プライドを持ってこの仕事に打ち込んできた。高齢になっても風俗嬢として生きてゆくことは、既に父の葬式の時に決意している。

「五年前に父が自殺した時に、その前に自殺していた兄と一緒に長野のお墓に入れようとして、その時はもう母は離婚してたから、私が相続人として葬儀をしなきゃいけなかったんですね。でも、結局段取りだけしてお金を母に渡して、〝私は行かない〟って言ったんです。残された側としては必死に生きていかなきゃいけないじゃないですか？　祖母は〝真田の女らしく生きろ〟ってメールしてきましたけど、風俗嬢なんて日雇いの労働者なんだから、お金を稼が

ないと次の葬式も上げられない。だから〝私は出勤します〟って返事して、その日もお店に向かったんです」

この《真田の女》の戦場は、かつても今も、そしてこれからも、セックスにあるのだろう。そして風俗嬢として成熟すると、プライベートの性生活にも大きな変化が訪れた。

「普通の職業の人がセックスで発散するように、〝自分が選んだ人とセックスしたい〟って気持ちでしたね。その頃からは、よっぽど失礼な人じゃない限り、ナンパされたらセックスしてましたね。夜仕事が終わって飲みに行かないなら、セントラル（ロード／歌舞伎町）歩いてる最中に声かけられた人についていく。『平成女学園』のお店は歌舞伎町のゴジラビルの通りにあったんで、タクシーを拾うために靖国通りに出るまでにナンパされていましたね」

その距離、わずか五十メートル程度。その距離に有奈めぐみ嬢の、ヤリマンとしてのプライドが詰まっていた。

「ほとんど毎日声かけられてましたよ。まあ声をかけられるような派手な格好してるってこと

もあるんですけど、声をかけられなかったら風俗も辞めようと思ってますから。飲みに行った日は、ホストと営業時間中に非常階段でヤッてましたし……」

オンもオフも、飲みに行く日も飲まない日も、どの瞬間でもセックスと暮らしていた二十代の有奈めぐみ嬢だった。

そして、その超実戦的なスタンスは、ナンパしてくる男性たちとのセックスの段取りでも、特異性を放っていた。

「私、元々無駄な時間を過ごしたくない性格なんで、〝飲み行きませんか？〟って言われたらすぐ〝その先考えてますか？〟って訊いちゃうんですよね。だいたいそれで男の人は〝えっ？〟ってなるから、〝ホテルとか？〟と訊く。それで〝はい、よかったら……〟ってなったら、〝私お酒飲まないんで、先にホテル行きましょう〟って自分から言っちゃいます。よく美人局に間違われますね（笑）」

決して多くはないが、世の中には、セックスよりも食事のハードルが高い女性もいるのである。

そんな彼女だけに、二十代のナンパ体験において、衝撃的なエピソードには事欠かない。

「ある休みの日の昼間に、新宿のデパートに買い物に出かけたんだけど、行く途中でナンパされたんです。その頃は自分の中で、〝予定がなくて一人でぶらぶらする時のナンパは断らない〟って決めていて、〝今日は何人にナンパされるのかな？〟って思いながら出かけてたんですけど。それですぐにラブホテル街に行ってセックスして、終わったらまたホテル出たところでナンパされて、というように、それが十三人続いたんです。だからラブホテル街から全然出られなくなって、最後の人と終わった時にはデパートが閉まってました（笑）」

これが、古典落語のようなオチまで付いた、驚異の「有奈めぐみ十三人連続ナンパ事件」である。

その後十年余、現在は四十歳になる有奈めぐみは、変わらず風俗店で働きながら、ＡＶ女優としても活動し、ホストクラブに通っている。

現在もだいぶペースが落ちてはいるものの、経験人数は三万人を突破。その大台を自覚したのは二〇一六年になってからだ。

「最近は特定のセフレとやるだけだから、相当減ってるよね。週一〜二回とか？〝もっと気持ちいい人がいるかも〟ってヤリ続けた結果、別に答えがなかったってところに行き着いたからかなぁ。あとはＡＶのプロダクションのマネージャーに止められてるっていうこともあるんですけどね。〝商品なんであんまり簡単にセックスしないでください〟って」

そう、彼女はＡＶ女優を始めてからセックスの回数が減ったという世にも珍しいヤリマン女性なのである。

さて、ライフストーリーはこのあたりにして、具体的に三万人を超えてきた彼女の《セックス観》を探ってゆきたい。

それがわかりやすいのは、「ソープランドで働けなかった」というエピソードだろう。彼女曰く、「セックスを仕事にする」ことだけは受け付けなかったという。

「プライベートでも誰とでもできるんだからって思って、二十歳の時にソープランドに挑戦してみたら、ダメでしたね。仕事の内容も違うし、すぐ音を上げてヘルスに戻りました。ソープランドにいたら、全員とヤラなきゃいけない。それが苦痛だったし、私は選択権が自分にあるのがいいんだと思う」

セックスをヤル、ヤラないは自分次第。《誰とでもセックスするヤリマン》と聞くと、我々は、受け身の人間性を想像してしまいがちである。確かに、一昔前に《サセ子》《公衆便所》と呼ばれてきたようなヤリマン女性たちのイメージは、男の欲望に無条件に従う女性というものである。

しかし、筆者が会うような近年のヤリマン女性たちの多くは、驚くほど自己中心的で、自らの欲望を最優先する《捕食者》のメンタリティーなのだ。

彼女たちに共通するスタイルとして、《ヤリマンは二回セックスしない》という法則がある。《誰とでもセックスする》というのは、一回目に限っての話。つまり、「恐ろしく一回目のハードルが低い」というのが、代表的な《ヤリマンの条件》といってもいいだろう。

たとえば、有奈めぐみ嬢の場合、「二回セックスするのは全体で二割くらい。気に入った人とは連絡先交換するけど、今の私の携帯電話のメモリーには百人いないくらいだから、相当少ない確率だと思う」とのこと。単純に三万分の百以下＝三百人にたった一人以下の数字ということになる。

つまり、一回目のセッションでお気に召された者だけが、二回目へのセックスへと進んでゆけるのだ。

そして、今回のインタビューで最大の発見は、彼女の一回のセックスにかける思い入れについての発言だった。

「私たちのような人より、普通のお仕事の人たちの方が、一回のセックスへの思い入れは強いと思う。私は、たとえばフクダさんとセックスしたとして、〝あれしてくれ〟〝これしてくれ〟とは言わないの。私の欲求は言わないで、向こうのことを品定めする。でも、たとえば風俗に来る普通の人たちっていうのは、女性に対して凄い求めるものがあるよね。どうしてもストレスのはけ口をセックスに求める。でも、私のように風俗嬢とかヤリマンだと、数も見てきてるし、〝別に今言わなくても、次の人で当たればいいな〟って思うの」

これはもの凄く衝撃的な考え方だった。目の前の相手に全部を求めなくても、彼女には、それを実現できる他の誰かがすぐにやってくるのだ。全ての男が彼女の女性器へのベルトコンベアの上に乗っている状態といおうか、それはセックスの相手である男性を点ではなく線、個体ではなく総体で考えているともいえ、まるでアニメ『新世紀エヴァンゲリオン』の《人類補完計画》のような規模で、自らの性生活を捉えているのだ。

恐ろしく地に足が着いている――しかし、そこまで達観していて、セックスはおもしろいの

だろうか？

「もちろん、セックスは今でも楽しいですよ。〝相手に全部を求めない〟っていうのは相手にであって、自分は手を抜かないですよ。でもハプバーとか乱交の時は手を抜くかな」

一対一なら手を抜かない——そのあたりはさすがに武家の家柄というべきか。

「うん、一対一はちゃんと戦う（笑）。でも、手を抜く抜かないも相手次第で考えます。向こうが精一杯やってくれるんなら、上手い下手じゃなくて、こっちも頑張ります」

確かに彼女の頑張るは尋常ではなく、たとえば、いつも付けているド派手な長いネイルは、完全にセックスのために開発されたものだ。

「ネイリストの友達に相談して、カーブも気持ちいいように試行錯誤して、一カ月のこの長さで持つように改良して、辿り着いたネイルです」

では、三万人斬りの彼女が考える、《セックスの上手い男性》とはどんなタイプなのだろうか？

「男の人って握力が強いんで、軽く触ったものを強くしていくのはできるけど、強く触ったものを軽くしていくのはできないんだよね。最初はソフトタッチからできる人が、《セックスの上手い人》なんだと思います。まずは〝ホントにこれで気持ちいいの？〟って思うくらいのフェザータッチでいいんです。風俗でよくあることなんですけど、〝痛くない？〟って訊かれた女の子が〝大丈夫〟って答えてるのは、〝痛いけどギリギリ我慢ができる〟ってこと。そこを勘違いしちゃいけない。手マンもそうです。女性器って本来指を入れるところじゃないんだから、〝指を入れていいかも訊いたりしなさいよ〟って思いますよね。その時点で、八割以上の男性はダメですね。私から〝またヤリたいな〟って思う人はほとんどいない。でも、そういうことを女性が言っていかないと、男性も上達していかないと思うんで、私はけっこう色々な場所で言ってます。風俗のお客さんにも〝ちゃんとこのヤリ方で奥さんともやってる？〟って言いますよ」

それでは、彼女自身の、恋愛とセックスについてはどうなのだろうか？

「付き合っている人はいますよ。基本的にいつも彼氏はいるんです」

ヤリマン女性の多くには、だいたい特定の彼氏や夫がいる。そして彼氏以外とのセックスを楽しんでいる。なぜ成立しているのかは、人それぞれであるが、有奈めぐみ嬢の場合は、そのパートナー選びでなんとかしているとのこと。

「私の彼氏は《ネトラレ願望》の強い人が多いですね。そういう人には〝こういう人とヤッてきました〟って報告する。今のパートナーは、暗黙の了解で隠してます。でもヤッてないわけがないのは知ってる。だって乱交でヤッて知り合ったわけだし（笑）。人って同じことを繰り返すでしょ。向こうだってヤッてないわけがない」

自分以外とのセックスを見逃す代わりに、見逃してもらう。ただ、恋人とのセックスもやはり重要視しているという。

「やっぱり、セックスの相性が重要だと思う。最初にまず体から入って、体が拒否んないのなら、全てが大丈夫かなと思う。セックスが下手な人とは付き合ったことがないですね」

確かに、三万人の経験人数でわざわざ下手な男をパートナーに選ぶわけはないだろう。では、結婚についてはどのように考えているのだろうか。

「結婚は全然、考えたことない。私の周りにお客さんと結婚して辞めたお姉さんたちもいっぱいいるけど、絶対に口論の時に出るんだって。些細なことからスタートしても、最終的には〝体売ってたくせに〟っていう言葉が出るようです。結婚しても、ほとんど離婚してる。浮気がいけないっていう社会常識はわかる、だから結婚はしないってことです（笑）。だから、逆にいえば、私は結婚に関して純情なの。自分が結婚してもみだらであると思うから、最初から結婚なんて誓わない」

結婚をせずに付き合っている以上は、相手にも必要以上は求めない。

「だからパートナーに対しても浮気をどうこう言わないしね。なんとも思わない。ゼロ。結局、家に帰ってきてるってことは〝別れよう〟って思ってないわけだし、所詮は浮気でしょ？興味がないですね。家から一歩出れば別々の人生っていうだけですね。ただ、夏に上半身裸で、明らかにうちのボディ・ソープとは違う匂いをさせて寝てるのをみつけると、〝バカだ

なぁ〜〟って思いますけどね（笑）」

現在四十四歳。いまだに風俗店で勤務を続けながら、プライベートでも着実にセックスの回数を増やしている有奈めぐみ嬢。しかし近年、体調不良に見舞われ、生命が危ぶまれたことも。

「五年前くらいに、急に性欲がなくなった時があって、セフレからの誘いも断ったりしていたんです。周りからは〝死ぬんじゃないか？〟って心配されて、自分でも〝おかしいな〟って思ってたら、脳梗塞で倒れたんです。やっぱり、慣れないことはするもんじゃないですね」

マグロは止まったら死ぬというが、有奈めぐみ嬢はセックスをしないと死んでしまうのかもしれない。

「やっぱり女として、《生涯現役》がいいです。最近は、私のことヤリマンだって知って、《腕試し》って挑んでくる若い子が増えたから、相手するのも大変ですね（笑）。いまだに一晩四回、五回とかしてますよ」

そして最後に、筆者が驚いた有奈めぐみ嬢の言葉を紹介しておこう。

「ヤリマン女性の見分け方を教えてください」という質問をされた有奈めぐみ嬢は、即座にこう言い放った。

「歩くのが遅い人ですね」

人に声をかけられて止まる準備がある人とそれがない人では歩くスピードが大違いであるというのがその発言のウラであるのだが、身体的特徴や服装など、我々の誰もが予想していたものの斜め上をゆく、そんな真理を突くような発言ができることに、心底驚いた。やはり彼女のような、誰とも比べようがない数多の経験が、その視線を与えているとしか思えない。

「たくさんセックスすることになんの意味があるのか？」

その答えを我々は、有奈めぐみ嬢や、その他ヤリマン女性の言葉から、知ることができる。誰もがヤリマンになる必要はない。ただヤリマン女性の極端に豊かすぎる生き方を認め、受け

容れるだけでいいのだ。そうすることで、我々のセックス、そして人生に新しいものさしが加わる。

実際の経験がなくとも、《ヤリマンの目》で生きることはできるのである。

最後に〜なぜ彼女は誰とでもセックスしてしまうのか

さて、ここまでの十人の女性たちの冒険譚について、皆さんはどのように感じたであろうか。本書のあまりの凄まじさに、『三国志』か『ギリシア神話』に出てくるような超人や怪物の英雄譚として、半ばフィクションの類として読んだという向きも多いだろう。しかし、筆者は、彼女たちを知るにつれて、あろうことか彼女たちの中に自分を見出していったのである。

【ヤリマン女性とは自分のできないことをやってくれる《現代のスター》である】

まず、筆者が最初に彼女たちに惹かれた点として挙げられるのは、ヤリマン女性の冒険譚が、この牙を抜かれたような平成〜令和の時代にあって、飛び抜けて痛快なエンターテインメントに感じられたからである。

現在、テレビやメディアでもてはやされているのは、誰もが共感できるような飛び抜けない存在、隣に住んでいるような有名人ばかりである。

それに引き替え、本書で紹介してきたようなヤリマン女性のパーソナルヒストリーは、波瀾

万丈で、孤独で、ハードボイルドで、その身ひとつで人生を切り開いていくような独立心と雄々しさを持ち、我々がかつて憧れたスーパースターたちにみたような規格外の人間力を随所に感じさせてくれるものばかりであった。

ＬＧＢＴ全盛の今を無視して表現するなら、《男の中の男》を感じさせるのである。

古来より我々が憧れたのは、何かを〝する人〟であり、決して何かを〝しない人〟ではなかった。既成概念から逸脱し、誰よりも何かをやってしまうタイプの偉人だった。数え切れないほど多くのヒットを打ち、考えられないほど力強いパンチを放ち、獣のように速く走る規格外の存在こそが、我々のスターだったのである。

たとえば往年のＮＢＡで活躍したスーパースター、ＬＡレイカーズの大エースであった故・ウィルト・チェンバレンは、「二万人の女性とセックスした」ことをその著書で告白している。あるいは、世界的人気チームであるマンチェスター・ユナイテッドの伝説的な7番として活躍し〝五人目のビートルズ〟とまでいわれたフットボール選手のジョージ・ベストは、七人のミス・ワールドを抱いたと噂され（後年実際には三人と告白）、実際の試合のハーフタイムにもセックスをしたという、今ならば契約的に一発レッドカードというようなピッチ外のスーパープレイでも知られている。

だが、本書で紹介したヤリマン女性たちは、社会的にはほぼ無名の存在でありながら、過去

のどんな著名スターにも比肩しうる、オリジナルの武勇伝を持っている。有奈めぐみは三万人と性体験を持ち、ベティー嬢も既に経験人数三万人を超えているのである。

それでもまだ一部の輩は言うだろう。

「そんなにセックスして、なんの価値があるのか？」

しかし、多くのヤリマン女性に魅せられてきた筆者はこう思うのである。

「なぜたくさんセックスをしてはいけないのか」と。

現在まで、男たちは自らの性体験の少なさを、あらゆる方法で正当化してきた。貞淑さ、宗教的美学、妊娠の危険性、感染症対策、社会的破綻の危機等々――だが、そのどれもが、多くの性体験を直接否定するにはあまりにも脆いものだ。

たとえば日米プロ野球通算四千三百六十七安打というイチローの大記録を一本のヒットを打ったこともない他人がどうこう言えぬように、彼女たちの《人知れぬ大記録》も、誰にも侵されるべきではないそれぞれの真実を孕んでいる。

その証拠に、彼女らの言葉は、極めて明確で、極めて単純である。人類を代表して地球を宇宙空間から見てきたガガーリンが「地球は青かった」と言ったように、有奈めぐみ嬢はヤリマンを「歩くのが遅い人」と定義し、ベティー嬢はセックスが上手い男性を「セックスの最中にちゃんと目が合う人」と定義した。言われてみればその通りだが、瞬間で定義できる人間は多

くない。白玉あも嬢の「会話が続かないとセックスしてしまう」という言葉は我々男性の常識を根底から覆し、名古屋のヤリマンことチアキ嬢の「セックスが下手なんて人はない」という言葉は、全ての男性を膝から崩れ落ちさせるに十分な破壊力を持った言葉だろう。

明らかに我々男性がまだ見ぬ景色を、ヤリマン女性たちは見ているのだ。誰もがヤリマン女性になる必要はないが、やはり、そこにだけある《人間の真実》が眠っている以上、《ヤリマンの言葉》は必ず多くの人にとって聴くに値するものなのだ。

何しろ、現在トップＡＶ男優の一人とされている森林原人氏でも経験人数は一万二千人ほどだというから、彼女たちの数字がいかに天文学的であるかがわかるだろう。「桶狭間の戦い」における今川義元軍が二万五千〜三万人。「赤壁の戦い」における孫権軍も二万五千〜三万人。横浜スタジアムの収容人数が約三万四千人で、山梨県韮崎市の法定人口もサンマリノの人口も約三万人。三万人とはそんな数字なのである。

もちろん、生理学上、勃起を必要としない女性の方がよりセックスの回数をこなせることは確かではある。しかし、筆者のヤリマン女性への取材で得た実感からいえば、トップＡＶ男優よりもセックスの場数を踏んでいる女性は、日本国内に、まだまだいるだろうということだ。

人知れず野に咲いている、名もなき在野のヤリマン女性の体験談が、どんなエンターテインメント作品をも凌駕してゆくのだから、筆者としてもその取材に夢中にならざるを得なかった

というのが、偽らざる気持ちである。

【ヤリマンと話が合うのはなぜか？】

筆者はごく一般的な中流家庭に生まれた男で、一般的な大学を卒業した後は少し偏った出版社に入って少し偏ったアダルト雑誌の編集を十年近く務めた後に独立。現在四十八歳で、同年齢の妻一人、子供はなし。生来、両親とすらまともなコミュニケーションがとれない狭量なパーソナリティであったことに加え、「男と女は別の生き物」「男は種族保存のために浮気する」「男女間での友情は成立しない」等という前時代の定型文を鵜呑みにするような脳死状態であったため、アダルト雑誌の編集に携わることになりながら、常々女性との仕事が苦手であると感じていた。

そんな男が、この十年でいつの頃からかヤリマン女性に囲まれ、彼女たちとの仕事が大多数を占め、いつの間にやら日本で最もヤリマンのことを考える時間が長い男性へとなっていたのである。その不思議を、ある時ふと立ち止まって、考えたことがある。セックスの経験などかなり少ない部類に入るであろう筆者と、膨大な性体験を超えてきたヤリマン女性、性体験でも性別でも真逆であると思われる彼女たちと筆者は、なぜこんなにも通じ合うのか――。

「無人島かと思ったら人がいた」

かつて新日本プロレスにUターン参戦した時の前田日明が藤波辰爾との対戦後にそんな言葉を遺したが、まさに筆者にとってのヤリマン体験はそんなところで、「女性と話なんか通じるわけないと思ったら通じる人がいた」ような気分なのだった。

そして、この推論に達した。

「ヤリマン女性とは中年男性なのではないか」

これは筆者の持論だが、ヤリマン女性にはとても中年男性的な思考の人間が多い。つまり、我々中年男性とヤリマンは、思考や行動の回路が、とてもよく似ているのである。

まず、ヤリマン女性はセックスへの誘いをあまり断らない。これは中年男性ならよくわかるだろうが、責任の発生しない状況での一度きりの場合は、かなりの数の男性がセックスのオファーを断らないだろう。

と同時に、彼女たちが「二回目のセックスを求めない」という部分も共有できる価値観であろう。セックスを、あくまでも遊びの範疇に置いておきたいという男性は多く、それを家庭やビジネスに持ち込みたくないのは、多くの中年男性が共感できるところだ。

これらの共通項は、《一度のセックスで自分の価値が変わると思っていない》という考え方に起因すると思われるのだが、その反対として《一度のセックスに様々な付加価値を求める》のが旧来の日本女性が持つべきとされていた考え方である。

「一度寝たからには〜」という枕詞の先には「結婚」や「金銭の授受」、や「真剣交際」などの言葉が続くのである。「セックスをただセックスという行為としてだけ捉える」という感覚は、主に男性の特権とされてきた価値観なのだが、女性にもそういう《減るもんじゃないし》的なセックス享楽思考の人間は確実に存在しているのである。

次に、ヤリマン女性はＬＩＮＥやメールへの返信が恐ろしく早い。ヤリマン女性の中にはこちらが話してるそばからパチパチとＬＩＮＥやってるような、一見礼を欠くように見える女性も多いが、当然彼女たちは何人もの男性とのアポイントを管理してるわけで、スケジュールの管理が一般のそれに比べて高難度であることは確かである。それは筆者が彼女たちに取材や出演を依頼した時に顕著で、誰よりも早く返事が返ってくるのがヤリマン女性たちなのである。

そこには、いわゆる日本女性の嗜みともいえる〝もったいぶる〟〝軽く見られたくない〟という世間体が全く存在せず、ビジネスシーンではとても気持ちがいい態度である。つまり、何かにつけて「話が早い」人物が多いのがヤリマン女性であり、彼女たちにとっては、余計な価値観を混入することよりもスケジュールのフィックスが最優先なのである。

先日、あるヤリマン女性にその「もったいぶる」という概念が存在することを伝えると、彼女は即座に「私はその日すぐにヤッたからといって揺らぐようなつまらない人間じゃない」と言ってのけた。ぐうの音も出ないほどの正論が、いちいちカッコいい。

さらに付け加えるなら、ヤリマン女性は自立率が高い。主婦のヤリマン女性も往々にして自ら職を持っているパターンが多いのである。経済的な自立が豊富な性生活のバックボーンになっていることは、多くの男性にも共通するものである。

最後に、ヤリマン女性には「義理堅い」人物が多いことも挙げておこう。これは彼女たちとの仕事を通じて感じたことだが、「〜のためなら」といって一肌脱いでくれるような女性がとにかく多い。どちらかといえば現金なイメージの強かった女性にあって、彼女らのきっぷのよさはカルチャーショックでしかなかった。《男の美学》として各種エンターテインメントで真っ先に描かれてきたのが義理である。しかしヤリマン女性には、その義理を感じさせる人間がとにかく多い。

以上の事柄を簡潔にまとめると次のようになる。

好奇心は旺盛で、余計な駆け引きをせず、話は早く、仕事が好きで、義理堅い。

彼女たちは、つまり筆者が仕事をしたいと思うタイプの相手であり、自らなりたいと思うような人間像だったのである。

つまり、我々中年男性とヤリマン女性はほぼ同じメンタリティー、志向を持っているが、外

見・性別が違うので性体験の数が大きく異なっているだけなのだ。我々中年男性がいくら話が早くても、彼女らのように、セックスの機会は爆増しない。男性の場合、多くのセックスをもたらすのは何か特殊な条件が必要になる場合が常であり、それは社会的に高い地位、特別に美しいルックス、特別に裕福であること、特別な才能、特別な職業（スポーツ選手、お笑い芸人、ホストやＡＶ男優を含む）等。

しかし女性の場合は、ヤリマンであることを公言しさえすれば、その社会的な稀少さから、自ら出向かずとも向こうからセックスの機会はやってくるわけで、爆発的に経験人数も増えてゆくというわけだ。

かつては常に《男か／女か》で分類されてきたことは、《ヤリマンか／ヤリマンではないか》で分けた方が合点がいく案件はかなり多い。性生活に対する考え方の違いの方が、性差を超える精度での価値観の分類ができることも大いにあるのだ。

つまり、筆者が苦手であると考えていたのは女性ではなく、《非ヤリマンの女性》、それすなわち《大和撫子》という言葉で結界を張ったような、《旧来の男性中心の社会が好む女性像》であったのである。

以上のような経緯で、今や筆者は《ヤリマンの思考》で世の中を見るに至った。すると、ヤリマンに対する様々な嘘が、この社会に蔓延し続けていることが許容できなくなったのである。思えば、「ヤリマン」という言葉は、かなり長い期間において、蔑称としての使用法で知られてきた。「おさせ」「させ子」「公衆便所」等の類義語も含め、その言葉を旧来の用法で意訳するなら、「男がセックスしたい時に都合よく相手になってくれる女性」というもので、他人の欲望の犠牲になっているような弱者のイメージが、その言葉の裏側にはどうしてもつきまとうものであった。

そこに加えて、ヤリマン女性がメディアに登場する際には、「セックス依存症の女」だとか、病的なイメージのモンスターとして語られることがいまだに多い。いまだに、《現代社会の病理》《下流社会》等のキーワードで埋め尽くされるのがヤリマン女性を扱ったコンテンツの定番なのである。

だが彼女たちと接してきて、筆者が理解できないほどの病的な性欲を持っていると感じたことは一度たりともない。《三万人とセックスした》という女性に対しても、自らと比してハッキリした違いは感じられないのである。

では、なぜ週刊誌等のメディアでは、ヤリマン女性を常識から外れた異常な存在として扱い続けるのだろうか。おそらくそれはセックスが好きな女性を異常だと決めつけるポルノ的手法

であり、それをセンセーショナルに煽り続ける《弱者ビジネス》でしかない。外で奔放に遊ぶヤリマン女性が間違っていて、家を守る自分の妻が正しいという状況こそが、世の多くの男性にとっては都合がいいのである。

だが本当に彼女たちは社会的な弱者なのであろうか？

本書で紹介している女性はほぼ全員が自立し、長きにわたり社会生活を営んでいる。その上で彼女たちは望み通りに多くのセックスを経験し、自ら望んでヤリマンとして生きており、決して他人の意志に翻弄されていることなど、あるはずがない。

なぜなら、「主導権はヤリマンの側にある」からである。本書で繰り返し出てきた「ヤリマンは二度寝ない」という法則は、彼女たちはなんでも無条件に受け入れているように見えて、自らが選択していることの証明である。

誰とでも寝るという彼女たちこそが、今までの男女の固定観念を崩し、性差を超えた自由な生き方の象徴となる日は既にそこまで来ているのではないだろうか。

近年、「ヤリマン」という言葉に、若干尊敬の視点が含まれつつあることは、筆者主催のヤリマントークイベントの盛り上がりを考慮に入れずとも、社会的に実感できる。

「ビッチ」という言葉が認知され、欧米を中心に、その手のファッションやアーティスト、セレブリティがもてはやされる土壌もできている。安室奈美恵、浜崎あゆみ、指原莉乃……ここ

二十年くらいのメディアに君臨するのは、もはや《永遠の処女》ではなく《恋多き女》たちである。世界を席巻する韓国アイドルたちも、極端なセクシー路線を武器に、欧米のエンターテインメント界で頂点まで上り詰めた。

もはや、セックスをしない女より、多くのセックスを超えてきた歴戦の女性の方が、若者たちの憧憬の対象となる時代なのだ。この事実は、少子化の一途を辿り、コロナ禍で他人との接触を極端に避ける社会においては興味深い事実だろう。直接的な性生活を忌避しがちな現代社会にあっても、ヤリマン女性が求められているという事実は、人間の、生命体としての警告なのではないだろうか。何事にも潔癖さを強要し、しないことをもてはやす風潮は、エンターテインメントにおいても、生命体としても、滅びへの一本道の上にある。

かつてのヤリマンは、《男たちの性欲に合わせる、便利な存在》であった。だが、本書のインタビューを読めばわかるように、現在のヤリマンたちは、概して捕食者だ。彼女たちはあらゆる怠惰な恋愛関係を拒絶し、純粋な快感を吟味しているだけなのだ。あなたは既に《ヤリマンが男を便利使いする時代》に生きているのである。

我々中年男性は、いわば《飛べないヤリマン》。多くのセックスを望みながら、そのほとんどが望み通り多くのセックスをできるわけではない。ヤリマン女性を男性社会が《モンスター》と誹謗中傷するのは、多くの場合、ヤリマンになりたくともなれない自らを正当化するための

方便なのである。かつての相撲界にとって、小錦、曙、白鳳や朝青龍ら外国人力士たちがモンスターでなければならなかったように。だが、もう令和の時世である。いい加減に、自己を正当化するために無理矢理モンスターをつくり出すような悪癖からは脱却しなければならない。

ここまで読んでまだ猜疑心が晴れないという方は、筆者が定期的に開催しているトークライブ『ヤリマン甲子園』に足を運び、実際に彼女たちの言葉を聞いてほしい。そうすれば、彼女たちが敵対すべきモンスターなどではなく、極めてオリジナルな生き方を提示してくれる教本、もしくは人生のパイセンであることがわかるだろう。

くどいようだが、もはや「ヤリマン」は差別用語であってはならない。

「ヤリマン」は力強い生き方のひとつであり、自ら選択した思想なのである。そしてそれが、生き方や思想であるならば、性差をも超越したところに存在すべきだと、筆者は考えるのである。

福田光睦（ふくだ・みつちか）
映像作家、プロデューサー、編集者。1975年生まれ。2000年から『S&Mスナイパー』誌に編集として携わる。2009年に独立し既存メディアが忌避するアンダーグラウンド案件にスポットライトを当てる《地下編集者》として活動。雑誌やウェブの各媒体に寄稿しながら本書の元となったイベント『ヤリマン甲子園』等の制作や映像作品を発表。主な監督作品にドキュメンタリー映画『HYODO』(2022年)、映画『YARIMAN　HUNTER』（2022年)、『ヤバイニュース超真相』（Amazonプライム他)、YouTubeチャンネル『角由紀子のヤバイ帝国』など。

なぜ、私《わたし》は誰《だれ》とでも寝《ね》てしまうのか ～令和《れいわ》女性《じょせい》10人《にん》のセックス黙示録《もくしろく》

2024年5月25日　第1刷発行

著　者　福田光睦
発行者　島野浩二
発行所　株式会社双葉社
〒162-8540 東京都新宿区東五軒町3番28号
電話 03-5261-4818（営業）03-5261-4829（編集）
http://www.futabasha.co.jp/（双葉社の書籍・コミックが買えます）
印刷所　中央精版印刷株式会社

STAFF
表紙イラスト　原田ちあき
デザイン　妹尾善史（landfish）

ISBN978-4-575-31867-8　C0076